Índice

INTRODUCCIÓN

Bienvenida al mundo del desarrollo de aplicaciones

Bienvenido al fascinante mundo del desarrollo de aplicaciones. Vivimos en una era digital donde las aplicaciones móviles y web han transformado la manera en que interactuamos con el mundo. Desde la comunicación y la educación hasta la salud y el entretenimiento, las aplicaciones han revolucionado casi todos los aspectos de nuestra vida diaria. Este libro está diseñado para guiarte a través de los primeros pasos en el desarrollo de aplicaciones, proporcionándote las herramientas y el conocimiento necesarios para crear tus propias aplicaciones.

¿Por qué aprender a desarrollar aplicaciones?

El desarrollo de aplicaciones es una habilidad altamente demandada en el mercado laboral actual. Las empresas de todos los tamaños buscan desarrolladores talentosos que puedan crear aplicaciones innovadoras para satisfacer las necesidades de sus clientes. Además, el desarrollo de aplicaciones ofrece una oportunidad única para los emprendedores y creativos que desean llevar sus ideas al mercado. Aprender a programar y desarrollar aplicaciones te permite convertir esas ideas en realidad y potencialmente impactar a millones de personas.

¿Qué aprenderás en este libro?

Este libro está estructurado para llevarte de la mano desde los conceptos más básicos hasta temas más avanzados en el desarrollo de aplicaciones. A lo largo de los 22 capítulos, cubriremos una amplia gama de temas esenciales, incluyendo:

- **Fundamentos del Desarrollo de Aplicaciones**: Aprenderás qué es una aplicación, cómo funcionan, y las diferencias entre aplicaciones móviles, web e híbridas.
- **Herramientas y Plataformas**: Te familiarizarás con las herramientas y plataformas más utilizadas en el desarrollo de aplicaciones, como Android Studio, Xcode y Visual Studio Code.
- **Lenguajes de Programación**: Descubrirás los lenguajes de programación más comunes y cómo utilizarlos para desarrollar aplicaciones.
- **Diseño y UX/UI**: Entenderás la importancia del diseño de la interfaz de usuario (UI) y la experiencia de usuario (UX) y cómo crear aplicaciones que sean atractivas y fáciles de usar.
- **Testing y Optimización**: Aprenderás a probar y optimizar tus aplicaciones para asegurar su rendimiento y funcionalidad.
- **Publicación y Monetización**: Descubrirás los pasos necesarios para publicar tus aplicaciones en Google Play y App Store, así como estrategias para monetizarlas.

¿Quién debe leer este libro?

Este libro está dirigido a cualquier persona interesada en aprender sobre el desarrollo de aplicaciones, sin importar su nivel de experiencia previa. Si eres un principiante absoluto, este libro te proporcionará una base sólida sobre la cual construir. Si ya tienes algo de experiencia en programación, encontrarás capítulos que te ayudarán a profundizar tus conocimientos y habilidades.

¿Cómo utilizar este libro?

Cada capítulo de este libro está diseñado para ser independiente, lo que significa que puedes leerlos en el orden que prefieras. Sin embargo, te recomendamos que sigas el orden propuesto, ya que los conceptos se desarrollan y construyen sobre los conocimientos previos. Al final de cada capítulo, encontrarás ejercicios prácticos y recursos adicionales que te ayudarán a consolidar lo aprendido y a aplicar tus nuevos conocimientos en proyectos reales.

Reflexiones finales

El desarrollo de aplicaciones no es solo una habilidad técnica; es una forma de expresión creativa. Cada aplicación que desarrollas tiene el potencial de resolver problemas, mejorar la vida de las personas y cambiar el mundo de maneras que ni siquiera podemos imaginar. Este libro es tu primer paso en ese emocionante viaje.

Prepárate para sumergirte en el apasionante mundo del desarrollo de aplicaciones. ¡Vamos a empezar!

CAPÍTULO 1: INTRODUCCIÓN AL DESARROLLO DE APLICACIONES

¿Qué es una Aplicación?

En términos simples, una aplicación, o app, es un programa de software diseñado para realizar una función específica directamente para el usuario o, en algunos casos, para otro programa de aplicación. Las aplicaciones pueden variar en complejidad y funcionalidad, desde una simple calculadora hasta un complejo sistema de gestión empresarial.

Las aplicaciones se dividen principalmente en tres categorías: móviles, web y de escritorio. Este libro se centra principalmente en las aplicaciones móviles y web debido a su popularidad y amplia adopción.

- **Aplicaciones Móviles**: Estas aplicaciones están diseñadas para funcionar en dispositivos móviles como smartphones y tablets. Se pueden descargar e instalar a través de tiendas de aplicaciones como Google Play

Store y Apple App Store. Ejemplos comunes incluyen aplicaciones de redes sociales, juegos y utilidades como aplicaciones de notas y calendarios.

- **Aplicaciones Web**: Estas aplicaciones se acceden a través de un navegador web y no requieren instalación en el dispositivo del usuario. Ejemplos incluyen plataformas de correo electrónico, editores de documentos en línea y redes sociales. Las aplicaciones web son particularmente populares debido a su accesibilidad desde cualquier dispositivo con un navegador.

- **Aplicaciones de Escritorio**: Estas aplicaciones se instalan y ejecutan en computadoras de escritorio y portátiles. Incluyen software como editores de video, suites de oficina y herramientas de diseño gráfico. Aunque este libro no se centrará en las aplicaciones de escritorio, los principios básicos del desarrollo de software son aplicables a todas las plataformas.

¿Por qué son importantes las aplicaciones?

Las aplicaciones han transformado la forma en que interactuamos con la tecnología y el mundo que nos rodea. Han facilitado el acceso a la información, la comunicación, el entretenimiento y una variedad de servicios que han hecho nuestras vidas más convenientes y eficientes. Aquí hay algunas razones clave por las que las aplicaciones son tan importantes:

- **Accesibilidad**: Las aplicaciones permiten a los usuarios acceder a servicios y realizar tareas desde cualquier lugar y en cualquier momento. Esto es especialmente relevante para las aplicaciones móviles, que permiten una conectividad constante.

- **Eficiencia**: Las aplicaciones pueden automatizar tareas y procesos, ahorrando tiempo y esfuerzo a los usuarios. Por ejemplo, las aplicaciones bancarias permiten realizar transacciones y gestionar cuentas sin necesidad de visitar una sucursal.

- **Personalización**: Muchas aplicaciones ofrecen funciones personalizadas basadas en las preferencias y el comportamiento del usuario, lo que mejora la experiencia general del usuario. Las recomendaciones de productos en aplicaciones de compras en línea son un buen ejemplo de esto.

- **Innovación**: Las aplicaciones son un motor de innovación, permitiendo a los desarrolladores crear soluciones nuevas y creativas para problemas existentes. Esto ha llevado a avances significativos en áreas como la salud, la educación y los negocios.

Diferencias entre Aplicaciones Móviles, Web e Híbridas

Comprender las diferencias entre los diferentes tipos de aplicaciones es crucial para los desarrolladores principiantes. Cada tipo de aplicación tiene sus propias ventajas y desafíos, y la elección de una sobre otra depende de factores como el público objetivo, las funcionalidades necesarias y los recursos disponibles.

- **Aplicaciones Nativas**: Estas aplicaciones se desarrollan específicamente para un sistema operativo móvil (iOS o Android) utilizando los lenguajes de programación y herramientas nativas del sistema operativo. Por ejemplo, las aplicaciones de iOS se desarrollan en Swift o Objective-C utilizando Xcode, mientras que las aplicaciones de Android se desarrollan en Java o Kotlin utilizando Android Studio. Las aplicaciones nativas suelen ofrecer el mejor rendimiento y la mejor experiencia de usuario, pero requieren desarrollos separados para cada plataforma.

- **Aplicaciones Web**: Estas aplicaciones se ejecutan en un navegador web y están desarrolladas utilizando tecnologías web como HTML, CSS y JavaScript. Son independientes de la plataforma y pueden ser accesibles desde cualquier dispositivo con un navegador. Aunque son fáciles de mantener y actualizar, las aplicaciones web pueden no ofrecer el mismo nivel de rendimiento y experiencia de usuario que las aplicaciones nativas.

- **Aplicaciones Híbridas**: Estas aplicaciones combinan elementos de aplicaciones nativas y web. Se desarrollan utilizando tecnologías web, pero se envuelven en un contenedor nativo que les permite ser instaladas como una aplicación nativa. Frameworks como Ionic, React Native y Flutter se utilizan para desarrollar aplicaciones híbridas. Las aplicaciones híbridas pueden ofrecer una buena experiencia de usuario y rendimiento, pero a menudo no alcanzan el nivel de aplicaciones nativas.

Panorama General del Proceso de Desarrollo de Aplicaciones

El desarrollo de aplicaciones implica varias etapas, desde la concepción de la idea hasta la publicación y el mantenimiento continuo. A continuación, se presenta un panorama general del proceso de desarrollo de aplicaciones:

1. **Conceptualización y Planificación**: Esta etapa inicial implica definir la idea de la aplicación, identificar el público objetivo, y planificar las funcionalidades y características principales. Se crean wireframes y prototipos para visualizar la estructura y el flujo de la

aplicación.

2. **Diseño de la Interfaz de Usuario (UI) y Experiencia de Usuario (UX)**: Una vez que se ha definido la idea y las funcionalidades, se diseña la interfaz de usuario y se optimiza la experiencia de usuario. Esto incluye la creación de diseños visuales, selección de colores, tipografías, y la disposición de los elementos interactivos.

3. **Desarrollo**: En esta etapa, los desarrolladores escriben el código para implementar las funcionalidades planificadas. Se utilizan lenguajes de programación y herramientas específicas para cada plataforma. El desarrollo puede dividirse en front-end (lo que el usuario ve e interactúa) y back-end (la lógica del servidor y la gestión de datos).

4. **Testing y Depuración**: Una vez que la aplicación está desarrollada, se prueba exhaustivamente para identificar y corregir errores y problemas de rendimiento. Esto incluye pruebas funcionales, de usabilidad, de seguridad y de compatibilidad.

5. **Publicación**: Después de que la aplicación ha pasado todas las pruebas, se prepara para su lanzamiento en las tiendas de aplicaciones (para aplicaciones móviles) o se despliega en un servidor (para aplicaciones web). Esto implica cumplir con los requisitos de las tiendas de aplicaciones y realizar los ajustes necesarios.

6. **Mantenimiento y Actualización**: El trabajo no termina con la publicación de la aplicación. Es crucial mantener y actualizar la aplicación regularmente para corregir errores, mejorar el rendimiento y añadir nuevas funcionalidades. Esto también implica responder a los comentarios y sugerencias de los usuarios.

Herramientas y Tecnologías

Esenciales

El desarrollo de aplicaciones requiere el uso de diversas herramientas y tecnologías. Aquí hay una lista de algunas de las más esenciales:

- **Entornos de Desarrollo Integrado (IDE)**: Herramientas como Android Studio, Xcode, y Visual Studio Code son esenciales para escribir, probar y depurar el código de las aplicaciones.
- **Lenguajes de Programación**: Dependiendo de la plataforma, se utilizan diferentes lenguajes de programación. Java y Kotlin para Android, Swift y Objective-C para iOS, y HTML, CSS y JavaScript para aplicaciones web.
- **Frameworks y Librerías**: Herramientas como React Native, Flutter, Ionic, Angular y Vue.js facilitan el desarrollo de aplicaciones híbridas y web.
- **Sistemas de Control de Versiones**: Git y plataformas como GitHub y GitLab son cruciales para gestionar el código y colaborar con otros desarrolladores.
- **Bases de Datos**: Herramientas como SQLite, Firebase, y MongoDB se utilizan para gestionar y almacenar datos.
- **Servicios de API**: Los servicios de API permiten la integración de funcionalidades externas en la aplicación, como el acceso a datos de terceros, autenticación y notificaciones push.

Futuro del Desarrollo de Aplicaciones

El campo del desarrollo de aplicaciones está en constante evolución, impulsado por avances tecnológicos y cambios en las demandas del mercado. Algunas tendencias emergentes que están moldeando el futuro del desarrollo de aplicaciones incluyen:

- **Inteligencia Artificial y Aprendizaje Automático**: La integración de IA y aprendizaje automático está permitiendo aplicaciones más inteligentes y personalizadas. Desde asistentes virtuales hasta recomendaciones basadas en el comportamiento del usuario, estas tecnologías están redefiniendo lo que las aplicaciones pueden hacer.

- **Realidad Aumentada (AR) y Realidad Virtual (VR)**: AR y VR están abriendo nuevas posibilidades en áreas como el entretenimiento, la educación y el comercio. Aplicaciones como Pokémon GO han demostrado el potencial de estas tecnologías.

- **Internet de las Cosas (IoT)**: La conexión de dispositivos y sensores a través de IoT está permitiendo nuevas aplicaciones en áreas como la domótica, la salud y la agricultura.

- **5G y Conectividad Mejorada**: La implementación de redes 5G está permitiendo aplicaciones más rápidas y con mayor capacidad de respuesta, lo que es especialmente relevante para aplicaciones de realidad aumentada y virtual, así como para servicios de streaming de alta calidad.

Conclusión

El desarrollo de aplicaciones es una habilidad emocionante y gratificante que abre un mundo de posibilidades. Ya sea que estés interesado en crear aplicaciones móviles, web o híbridas, este campo ofrece oportunidades para la innovación y la creatividad. A lo largo de este libro, profundizaremos en cada uno de estos temas y te proporcionaremos las herramientas y conocimientos necesarios para convertir tus ideas en aplicaciones funcionales y exitosas. ¡Prepárate para embarcarte en este viaje de aprendizaje y descubrimiento!

CAPÍTULO 2:
HISTORIA DEL DESARROLLO DE APLICACIONES

Orígenes de las Aplicaciones

El concepto de aplicaciones de software no es nuevo y se remonta a las primeras computadoras. A finales de la década de 1940 y principios de la década de 1950, las computadoras eran máquinas grandes y costosas que se utilizaban principalmente para realizar cálculos científicos y militares. Estas primeras computadoras utilizaban programas escritos en lenguaje máquina, que consistían en instrucciones específicas para la operación de la máquina.

Uno de los primeros hitos en el desarrollo de aplicaciones fue la creación de lenguajes de programación de alto nivel. En 1957, IBM desarrolló FORTRAN (FORmula TRANslation), el primer lenguaje de programación de alto nivel que permitió a los científicos y matemáticos escribir programas de manera más eficiente. Poco después, COBOL (Common Business-Oriented Language) fue desarrollado para aplicaciones comerciales.

Evolución del Software
de Aplicaciones

Durante las décadas de 1960 y 1970, el desarrollo de software comenzó a expandirse más allá de las aplicaciones científicas y comerciales para incluir una variedad de programas utilitarios. La introducción de sistemas operativos como UNIX en 1969 permitió una mayor flexibilidad y eficiencia en el desarrollo de software.

Con la llegada de las computadoras personales (PC) a fines de la década de 1970 y principios de la década de 1980, el software de aplicaciones comenzó a alcanzar una audiencia más amplia. Apple II, lanzada en 1977, y IBM PC, lanzada en 1981, popularizaron el uso de software de aplicaciones para uso personal y comercial. Esto llevó al desarrollo de una variedad de aplicaciones, incluyendo procesadores de texto, hojas de cálculo y programas de gráficos.

El Surgimiento de las
Aplicaciones Móviles

El verdadero cambio revolucionario en el desarrollo de aplicaciones llegó con el advenimiento de los dispositivos móviles. En 1993, IBM lanzó el Simon Personal Communicator, considerado el primer smartphone del mundo. Este dispositivo combinaba un teléfono móvil con un asistente digital personal (PDA) y ofrecía una variedad de aplicaciones básicas como un calendario, una libreta de direcciones y una calculadora.

Sin embargo, el verdadero auge de las aplicaciones móviles comenzó con la introducción del iPhone por Apple en 2007. El iPhone revolucionó la industria de la telefonía móvil al ofrecer una pantalla táctil intuitiva y una experiencia de usuario sin precedentes. En 2008, Apple lanzó la App Store, una plataforma en línea donde los desarrolladores podían distribuir sus aplicaciones directamente a los usuarios. Esto marcó el comienzo de la explosión de aplicaciones móviles que conocemos hoy en día.

La Era de las Tiendas de Aplicaciones

El lanzamiento de la App Store fue seguido rápidamente por la introducción de otras tiendas de aplicaciones. Google lanzó el Android Market (ahora conocido como Google Play) en 2008, proporcionando una plataforma similar para los dispositivos Android. La facilidad de acceso a las herramientas de desarrollo y la capacidad de distribuir aplicaciones a millones de usuarios impulsaron una explosión en la cantidad y variedad de aplicaciones disponibles.

Las tiendas de aplicaciones han transformado el desarrollo de software al democratizar el acceso a herramientas y recursos. Antes de la llegada de las tiendas de aplicaciones, los desarrolladores necesitaban acuerdos de distribución con fabricantes de hardware o distribuidores de software para llegar a sus usuarios. Con las tiendas de aplicaciones, cualquier desarrollador con una idea y las habilidades técnicas necesarias puede crear y distribuir una aplicación a una audiencia global.

Impacto de las Aplicaciones en la Vida Cotidiana

Las aplicaciones han tenido un impacto profundo en casi todos los aspectos de nuestra vida cotidiana. Desde la forma en que nos comunicamos y consumimos contenido hasta cómo trabajamos y nos mantenemos saludables, las aplicaciones han transformado nuestras rutinas y hábitos.

- **Comunicación**: Aplicaciones de mensajería

instantánea como WhatsApp, Telegram y Signal han revolucionado la forma en que nos comunicamos, permitiendo conversaciones en tiempo real a nivel global. Las redes sociales como Facebook, Instagram y Twitter han cambiado la manera en que compartimos nuestras vidas y nos conectamos con los demás.

- **Consumo de Contenido**: Las aplicaciones han transformado el consumo de medios y entretenimiento. Servicios de streaming como Netflix, Spotify y YouTube permiten a los usuarios acceder a una amplia gama de contenido en cualquier momento y lugar.

- **Trabajo y Productividad**: Aplicaciones de productividad como Microsoft Office, Google Workspace y Slack han optimizado la forma en que trabajamos y colaboramos. Estas herramientas permiten el trabajo remoto y la colaboración en tiempo real, lo que ha sido especialmente relevante durante la pandemia de COVID-19.

- **Salud y Bienestar**: Aplicaciones de salud y fitness como MyFitnessPal, Fitbit y Headspace han permitido a las personas tomar un control más activo de su salud y bienestar. Estas aplicaciones proporcionan herramientas para el seguimiento del ejercicio, la nutrición y la meditación, entre otros.

Innovaciones Recientes en el Desarrollo de Aplicaciones

En los últimos años, hemos visto una serie de innovaciones que están redefiniendo el desarrollo y el uso de aplicaciones:

- **Inteligencia Artificial y Aprendizaje Automático**: La integración de IA y aprendizaje automático en las aplicaciones ha permitido el desarrollo de características más inteligentes y personalizadas. Asistentes virtuales como Siri, Alexa y Google Assistant utilizan IA para proporcionar respuestas y realizar tareas basadas en comandos de voz.

- **Realidad Aumentada (AR) y Realidad Virtual (VR)**: AR y VR están cambiando la forma en que interactuamos con las aplicaciones. Aplicaciones como Pokémon GO y filtros de realidad aumentada en redes sociales ofrecen experiencias inmersivas que combinan el mundo digital con el físico.

- **Internet de las Cosas (IoT)**: La conexión de dispositivos a través del IoT ha permitido el desarrollo de aplicaciones que pueden controlar y monitorear una variedad de dispositivos, desde termostatos inteligentes hasta automóviles conectados.

- **Blockchain y Criptomonedas**: La tecnología blockchain ha abierto nuevas posibilidades en áreas como las finanzas y la seguridad de los datos. Aplicaciones de criptomonedas como Coinbase permiten a los usuarios comprar, vender y gestionar activos digitales.

Desafíos y Oportunidades en el Desarrollo de Aplicaciones

A pesar de los avances significativos, el desarrollo de aplicaciones sigue enfrentando una serie de desafíos. La seguridad y la privacidad son preocupaciones constantes, ya que las aplicaciones a menudo manejan datos sensibles y personales. Además, la competencia en el mercado de aplicaciones es feroz, y los desarrolladores deben innovar constantemente para mantenerse relevantes.

Sin embargo, estos desafíos también presentan oportunidades. La creciente demanda de aplicaciones más seguras y privadas está impulsando la innovación en áreas como la criptografía y la ciberseguridad. La expansión del IoT y la adopción de tecnologías emergentes como el 5G están creando nuevas oportunidades para aplicaciones que aprovechen estas capacidades.

Futuro del Desarrollo de Aplicaciones

El futuro del desarrollo de aplicaciones es prometedor y está lleno de posibilidades. A medida que la tecnología continúa avanzando, veremos aplicaciones que son más inteligentes, más interactivas y más integradas en nuestras vidas diarias. Algunas tendencias emergentes que probablemente darán forma al futuro del desarrollo de aplicaciones incluyen:

- **Aplicaciones más Inteligentes**: Con el avance de la IA y el aprendizaje automático, las aplicaciones serán capaces de ofrecer experiencias más personalizadas y adaptativas. Esto incluirá recomendaciones más precisas, mejores asistentes virtuales y capacidades de predicción avanzadas.

- **Interactividad Mejorada**: Las tecnologías como AR y VR continuarán evolucionando, permitiendo aplicaciones que ofrecen experiencias más inmersivas y realistas. Esto tendrá un impacto significativo en áreas como los juegos, la educación y el comercio.

- **Conectividad Expandida**: La implementación de redes 5G permitirá aplicaciones que requieren altas velocidades de datos y baja latencia. Esto será crucial para aplicaciones como la telemedicina, la conducción autónoma y las ciudades inteligentes.

- **Seguridad y Privacidad Mejoradas**: La demanda de aplicaciones más seguras y privadas impulsará la innovación en áreas como la criptografía, la autenticación biométrica y la gestión de datos descentralizada.

Conclusión

La historia del desarrollo de aplicaciones es una crónica de innovación constante y evolución tecnológica. Desde los primeros programas de computadora hasta las sofisticadas aplicaciones móviles y web de hoy en día, el desarrollo de aplicaciones ha recorrido un largo camino. A medida que nos adentramos en el futuro, las aplicaciones seguirán desempeñando un papel crucial en la forma en que interactuamos con el mundo digital.

Este capítulo ha proporcionado una visión general de la historia del desarrollo de aplicaciones, destacando los hitos importantes y las tendencias emergentes. En los próximos capítulos, profundizaremos en los aspectos técnicos y prácticos del desarrollo de aplicaciones, proporcionándote las herramientas y conocimientos necesarios para convertirte en un desarrollador de aplicaciones competente y exitoso. ¡Sigamos adelante en este emocionante viaje!

CAPÍTULO 3:
PRINCIPIOS BÁSICOS
DEL BLOCKCHAIN

Definición de Blockchain

El blockchain, también conocido como cadena de bloques, es una tecnología que permite la transferencia de datos de manera segura y transparente. Fue conceptualizada por primera vez en 2008 por una persona o grupo de personas bajo el seudónimo de Satoshi Nakamoto, quien también creó la primera criptomoneda, Bitcoin. Un blockchain es esencialmente una base de datos distribuida que mantiene un registro de todas las transacciones realizadas en una red.

Estructura de un Bloque

Un blockchain se compone de una cadena de bloques, donde cada bloque contiene un conjunto de transacciones. Cada bloque está vinculado al anterior mediante un hash criptográfico, formando una cadena continua e inmutable. Los bloques tienen tres componentes principales:

1. **Datos**: Contienen información sobre las transacciones

realizadas. Por ejemplo, en el caso de Bitcoin, los datos incluyen detalles de la transacción, como el emisor, el receptor y la cantidad de bitcoins transferidos.

2. **Hash del Bloque**: Un hash es un identificador único generado a partir de los datos del bloque mediante una función criptográfica. Este hash actúa como una huella digital del bloque.

3. **Hash del Bloque Anterior**: Este enlace asegura que cada bloque está conectado al anterior, creando una cadena inmutable. Si se intenta alterar un bloque, el hash del bloque cambiará, invalidando todos los bloques posteriores.

Proceso de Minería y Consenso

La minería es el proceso mediante el cual se validan y añaden nuevas transacciones al blockchain. Los mineros utilizan poder computacional para resolver complejos problemas matemáticos que permiten agregar un nuevo bloque a la cadena. Este proceso se conoce como prueba de trabajo (PoW). Los mineros que logran resolver estos problemas son recompensados con criptomonedas.

El consenso en un blockchain se logra a través de mecanismos que aseguran que todas las copias de la cadena de bloques en la red estén de acuerdo sobre el estado actual de las transacciones. Además del PoW, existen otros mecanismos de consenso, como:

- **Prueba de Participación (PoS)**: Los validadores son seleccionados para crear nuevos bloques y validar transacciones en función de la cantidad de criptomonedas que poseen y están dispuestos a "apostar" como garantía.

- **Prueba de Autoridad (PoA)**: Un conjunto predefinido de validadores conocidos y confiables tiene la autoridad para validar transacciones y crear bloques.

Descentralización y Distribución

Uno de los principios fundamentales del blockchain es la descentralización. A diferencia de los sistemas tradicionales centralizados, donde una sola entidad controla la base de datos, el blockchain está distribuido entre todos los nodos de la red. Cada nodo tiene una copia completa del blockchain y participa en el proceso de validación de transacciones.

La descentralización ofrece varias ventajas:

- **Transparencia**: Todas las transacciones son visibles para todos los participantes de la red, lo que reduce la posibilidad de fraude.
- **Seguridad**: La distribución de datos entre múltiples nodos hace que sea muy difícil para un atacante modificar la información sin ser detectado.
- **Inmutabilidad**: Una vez que una transacción es validada y añadida al blockchain, no puede ser modificada o eliminada, garantizando un registro histórico preciso y confiable.

Tipos de Blockchain

Existen varios tipos de blockchain, cada uno con sus propias características y casos de uso específicos:

1. **Blockchain Pública**: Es accesible para cualquier persona que quiera participar. Ejemplos incluyen Bitcoin y Ethereum. Las blockchains públicas son completamente descentralizadas y proporcionan la mayor transparencia y seguridad.

2. **Blockchain Privada**: Está restringida a un grupo selecto de participantes. Las organizaciones suelen utilizar blockchains privadas para mantener el control sobre sus datos y garantizar la privacidad. Ejemplos incluyen

Hyperledger y Corda.

3. **Blockchain Permisionada**: Es una combinación de blockchains públicas y privadas. Permite a las organizaciones configurar una blockchain privada con controles de acceso, pero también permite la participación de nodos externos con permisos específicos. Esto equilibra la necesidad de privacidad con la transparencia y la seguridad de un sistema blockchain.

Casos de Uso del Blockchain

El blockchain tiene una amplia gama de aplicaciones más allá de las criptomonedas. Algunos de los casos de uso más destacados incluyen:

- **Finanzas**: Las transacciones financieras tradicionales pueden ser lentas y costosas. El blockchain permite transacciones casi instantáneas y de bajo costo, especialmente en el ámbito de las transferencias internacionales.

- **Gestión de la Cadena de Suministro**: La transparencia y la trazabilidad del blockchain permiten a las empresas rastrear productos desde la fabricación hasta el consumidor final, reduciendo el fraude y mejorando la eficiencia.

- **Votación Electrónica**: El blockchain puede garantizar la integridad y la transparencia de los procesos de votación, asegurando que cada voto sea contado de manera precisa y que no se pueda alterar.

- **Identidad Digital**: Las soluciones de identidad basadas en blockchain permiten a los individuos controlar sus datos personales y compartir información de manera segura y selectiva.

- **Contratos Inteligentes**: Los contratos inteligentes

son programas autoejecutables que se ejecutan automáticamente cuando se cumplen ciertas condiciones. Estos pueden automatizar una amplia gama de procesos, desde acuerdos financieros hasta la gestión de derechos de propiedad.

Criptografía y Seguridad en Blockchain

La criptografía es fundamental para la seguridad del blockchain. Existen dos tipos principales de criptografía utilizada en blockchain:

- **Criptografía Asimétrica**: Utiliza un par de claves (una pública y una privada). La clave pública se comparte abiertamente y se utiliza para cifrar datos, mientras que la clave privada se mantiene en secreto y se utiliza para descifrar datos. Esto permite a los usuarios enviar y recibir datos de manera segura.

- **Funciones Hash**: Las funciones hash toman una entrada y producen una cadena alfanumérica fija de longitud fija, conocida como hash. Los hashes son únicos para cada entrada y cualquier cambio en la entrada resultará en un hash completamente diferente. Esto garantiza la integridad de los datos en el blockchain.

Retos y Limitaciones del Blockchain

A pesar de sus muchas ventajas, el blockchain enfrenta varios desafíos y limitaciones:

- **Escalabilidad**: A medida que la cantidad de transacciones aumenta, la red puede volverse lenta y costosa de mantener. La escalabilidad es un problema en curso que muchas soluciones blockchain están tratando de resolver.

- **Consumo Energético**: La minería y los mecanismos de consenso como el PoW requieren una gran cantidad de energía, lo que puede ser insostenible a largo plazo.

- **Regulación y Cumplimiento**: Las regulaciones sobre el uso de blockchain y criptomonedas varían ampliamente entre jurisdicciones, creando incertidumbre legal y obstáculos para la adopción.

- **Privacidad**: Aunque el blockchain es transparente, también puede comprometer la privacidad de los usuarios si no se implementan adecuadas medidas de anonimización.

Futuro del Blockchain

El futuro del blockchain es prometedor y está lleno de innovaciones potenciales. A medida que la tecnología madura, es probable que veamos:

- **Mejoras en la Escalabilidad**: Soluciones como la cadena lateral (sidechain) y la fragmentación (sharding) están siendo desarrolladas para mejorar la escalabilidad del blockchain.

- **Adopción Generalizada**: Con el aumento de la comprensión y la confianza en el blockchain, más industrias y gobiernos adoptarán esta tecnología para mejorar la eficiencia y la transparencia.

- **Interoperabilidad**: El desarrollo de protocolos que permiten a diferentes blockchains comunicarse entre sí facilitará la integración de múltiples sistemas blockchain, ampliando sus aplicaciones y casos de uso.

- **Innovaciones en Seguridad**: Avances en criptografía y técnicas de seguridad harán que los blockchains sean aún más seguros y resistentes a los ataques.

Conclusión

El blockchain es una tecnología revolucionaria que está transformando la manera en que gestionamos y transferimos datos. Sus principios básicos de descentralización, transparencia y seguridad lo hacen ideal para una amplia gama de aplicaciones, desde las finanzas hasta la gestión de la cadena de suministro y la votación electrónica.

Este capítulo ha proporcionado una visión general de los fundamentos del blockchain, su estructura, mecanismos de consenso, y casos de uso. En los siguientes capítulos, exploraremos más a fondo cada uno de estos aspectos, proporcionando una comprensión más detallada y práctica de cómo funciona el blockchain y cómo se puede aplicar en diversas industrias. ¡Sigamos adelante y descubramos juntos el emocionante mundo del blockchain!

CAPÍTULO 4: TECNOLOGÍA SUBYACENTE

Introducción a la Tecnología Blockchain

Para entender completamente el blockchain, es esencial profundizar en la tecnología subyacente que lo hace funcionar. Este capítulo explorará los componentes técnicos que permiten que el blockchain sea seguro, transparente y descentralizado. Cubriremos los algoritmos criptográficos utilizados, los mecanismos de consenso, la estructura de las redes descentralizadas y las diferencias entre los protocolos de blockchain más populares.

Algoritmos Criptográficos Utilizados en Blockchain

La criptografía es el corazón del blockchain, asegurando la integridad y la seguridad de los datos almacenados en la cadena de bloques. Hay varios algoritmos criptográficos esenciales en el blockchain:

1. **SHA-256 (Secure Hash Algorithm 256-bit)**: Utilizado en Bitcoin, SHA-256 genera un hash de 256 bits a partir de cualquier entrada. Este hash es único para cada entrada, y cualquier cambio en la entrada produce un hash completamente diferente. Esta función hash garantiza que los datos en cada bloque no puedan ser alterados sin cambiar los hashes subsecuentes, manteniendo la integridad del blockchain.

2. **ECDSA (Elliptic Curve Digital Signature Algorithm)**: Este algoritmo se utiliza para la firma digital en muchas criptomonedas, incluida Bitcoin. ECDSA permite a los usuarios firmar transacciones de manera que otros puedan verificar su autenticidad sin revelar la clave privada del firmante.

3. **RSA (Rivest-Shamir-Adleman)**: Aunque no se usa tan comúnmente en blockchains como SHA-256 y ECDSA, RSA es un algoritmo criptográfico ampliamente utilizado para el cifrado y la firma digital. Proporciona seguridad mediante el uso de claves públicas y privadas.

Mecanismos de Consenso

El consenso es un aspecto crucial del blockchain, ya que asegura que todos los nodos de la red estén de acuerdo sobre el estado de la cadena de bloques. Hay varios mecanismos de consenso utilizados en diferentes blockchains:

1. **Prueba de Trabajo (PoW)**: Utilizado por Bitcoin, PoW requiere que los mineros resuelvan complejos problemas matemáticos para añadir nuevos bloques al blockchain. Este proceso es intensivo en recursos, lo que lo hace seguro pero también consume mucha

energía. La competencia por resolver estos problemas asegura que el blockchain permanezca descentralizado y seguro.

2. **Prueba de Participación (PoS)**: A diferencia de PoW, PoS selecciona validadores para crear nuevos bloques y validar transacciones en función de la cantidad de criptomonedas que poseen y están dispuestos a "apostar". Este mecanismo es más eficiente energéticamente, ya que no requiere el mismo nivel de poder computacional que PoW. Ejemplos de blockchains que usan PoS incluyen Ethereum (a partir de Ethereum 2.0) y Cardano.

3. **Delegated Proof of Stake (DPoS)**: En DPoS, los poseedores de tokens votan por un pequeño número de delegados que son responsables de validar transacciones y crear nuevos bloques. Este mecanismo es rápido y eficiente, pero puede ser menos descentralizado, ya que depende de un conjunto más pequeño de validadores. Ejemplos incluyen EOS y TRON.

4. **Proof of Authority (PoA)**: PoA es un mecanismo donde un número limitado de validadores, que son entidades conocidas y confiables, tienen la autoridad para validar transacciones y crear bloques. Es eficiente y rápido, pero sacrifica parte de la descentralización y puede ser menos seguro contra la censura.

Redes Descentralizadas y su Funcionamiento

El blockchain se basa en una red descentralizada de nodos que colaboran para validar y registrar transacciones. Cada nodo tiene una copia completa del blockchain, lo que asegura la redundancia y la resistencia a fallos. Aquí hay algunos componentes clave de las redes descentralizadas:

1. **Nodos**: Los nodos son los participantes en la red blockchain. Pueden ser nodos completos (que almacenan una copia completa del blockchain), nodos ligeros (que almacenan solo una parte del blockchain y dependen de nodos completos para obtener información), o mineros (que validan transacciones y crean nuevos bloques).

2. **Transacciones**: Las transacciones son las acciones registradas en el blockchain. Cada transacción debe ser validada por los nodos antes de ser añadida a un bloque.

3. **Propagación de Bloques**: Una vez que un bloque es validado y añadido al blockchain, se propaga a todos los nodos de la red. Los nodos verifican el bloque y lo añaden a su copia local del blockchain, asegurando la consistencia de los datos.

4. **Red Peer-to-Peer (P2P)**: La comunicación en una red blockchain se realiza de manera P2P, lo que significa que no hay un servidor central. Cada nodo se conecta a otros nodos y transmite información directamente. Esto asegura la descentralización y la resistencia a la censura.

Protocolo de Bitcoin vs. Protocolo de Ethereum

Bitcoin y Ethereum son dos de los blockchains más conocidos y utilizados, pero tienen diferencias significativas en sus protocolos y funcionalidades.

1. **Bitcoin**:
   - **Propósito**: Bitcoin fue diseñado como una moneda digital descentralizada para permitir transacciones peer-to-peer sin intermediarios.

- **Mecanismo de Consenso**: Utiliza PoW, lo que asegura la red mediante la competencia entre mineros para resolver problemas criptográficos.
- **Estructura del Bloque**: Cada bloque contiene transacciones, un hash del bloque anterior y un nonce utilizado en el proceso de minería.
- **Lenguaje de Scripting**: Bitcoin utiliza un lenguaje de scripting limitado para las transacciones, lo que restringe sus capacidades a simples transferencias de valor.

2. **Ethereum**:
- **Propósito**: Ethereum fue diseñado como una plataforma para aplicaciones descentralizadas (dApps) y contratos inteligentes.
- **Mecanismo de Consenso**: Originalmente utilizaba PoW, pero está migrando a PoS con Ethereum 2.0.
- **Estructura del Bloque**: Similar a Bitcoin, pero también incluye datos para la ejecución de contratos inteligentes.
- **Lenguaje de Scripting**: Ethereum utiliza un lenguaje de scripting completo llamado Solidity, que permite la creación de contratos inteligentes complejos y aplicaciones descentralizadas.

Contratos Inteligentes y su Implementación

Los contratos inteligentes son una de las innovaciones más significativas del blockchain, especialmente en plataformas como Ethereum. Son programas autoejecutables que se ejecutan automáticamente cuando se cumplen ciertas condiciones.

1. **Definición**: Un contrato inteligente es un acuerdo

autoejecutable donde los términos del acuerdo están escritos directamente en código. Se ejecuta automáticamente cuando se cumplen las condiciones predefinidas.

2. **Componentes de un Contrato Inteligente**:
   - **Código**: Define las reglas y condiciones del contrato.
   - **Estado**: Almacena los datos y el estado del contrato en el blockchain.
   - **Eventos**: Notificaciones que informan a los participantes sobre el estado del contrato.

3. **Implementación**: Los contratos inteligentes se implementan en el blockchain y se ejecutan en la máquina virtual de Ethereum (EVM) en el caso de Ethereum. Los desarrolladores escriben contratos inteligentes utilizando lenguajes de programación como Solidity y luego los despliegan en el blockchain.

4. **Casos de Uso**:
   - **Financieros**: Préstamos, seguros, y otros acuerdos financieros automatizados.
   - **Gestión de Activos**: Registro y transferencia de propiedades, acciones y otros activos.
   - **Aplicaciones Descentralizadas (dApps)**: Juegos, redes sociales, y otros servicios que funcionan de manera descentralizada.

Desafíos y Soluciones Comunes en Blockchain

El desarrollo y la implementación de blockchain enfrentan varios desafíos técnicos y prácticos. A continuación se presentan algunos de los desafíos más comunes y sus posibles soluciones:

1. **Escalabilidad**: La capacidad de manejar un gran volumen de transacciones es un desafío significativo

para muchas plataformas blockchain.

- **Soluciones**: Implementación de soluciones de segunda capa como Lightning Network para Bitcoin o sharding para Ethereum. Estas soluciones mejoran la capacidad de la red sin comprometer la descentralización.

2. **Consumo Energético**: Los mecanismos de consenso como PoW consumen una gran cantidad de energía.

- **Soluciones**: Migración a mecanismos de consenso más eficientes, como PoS, que reducen el consumo de energía y mejoran la sostenibilidad.

3. **Seguridad**: La seguridad del blockchain depende de la criptografía y la integridad de la red.

- **Soluciones**: Implementación de mejores prácticas de seguridad, auditorías regulares de contratos inteligentes, y desarrollo de algoritmos criptográficos más robustos.

4. **Interoperabilidad**: La capacidad de diferentes blockchains para comunicarse y trabajar juntas es limitada.

- **Soluciones**: Desarrollo de protocolos de interoperabilidad como Polkadot y Cosmos, que permiten la comunicación entre diferentes blockchains y mejoran la integración de sistemas.

Conclusión

La tecnología subyacente del blockchain es compleja y multifacética, combinando criptografía avanzada, redes descentralizadas y mecanismos de consenso innovadores. Este capítulo ha explorado los fundamentos técnicos que hacen posible el blockchain, desde los algoritmos criptográficos utilizados hasta los diferentes mecanismos de consenso y las redes descentralizadas.

A medida que avanzamos en el libro, continuaremos explorando estos temas con más detalle, proporcionando ejemplos prácticos y casos de uso para ilustrar cómo se aplican estos principios en el mundo real. El blockchain es una tecnología poderosa con el potencial de transformar numerosas industrias, y una comprensión sólida de su tecnología subyacente es esencial para cualquier desarrollador o entusiasta del blockchain. ¡Sigamos adelante y descubramos más sobre este fascinante mundo!

CAPÍTULO 5: TIPOS DE BLOCKCHAIN

Introducción a los Tipos de Blockchain

E l blockchain, a pesar de ser una tecnología relativamente nueva, ha evolucionado rápidamente para adaptarse a diversas necesidades y aplicaciones. Existen varios tipos de blockchain, cada uno con características específicas que los hacen adecuados para diferentes usos. En este capítulo, exploraremos los principales tipos de blockchain: pública, privada, permisionada y consorciada. Analizaremos sus características, ventajas, desventajas y casos de uso para ayudar a comprender mejor cuál es la más adecuada para cada situación.

Blockchain Pública

Las blockchains públicas son las más conocidas y utilizadas, con Bitcoin y Ethereum como ejemplos prominentes. Son completamente descentralizadas y permiten que cualquier persona participe en la red, ya sea como usuario, minero o desarrollador.

1. **Características Principales:**

- **Descentralización Completa**: No hay una autoridad central que controle la red. Cada nodo en la red tiene una copia completa del blockchain.
- **Transparencia**: Todas las transacciones son públicas y pueden ser verificadas por cualquier persona. Esto asegura un alto nivel de transparencia.
- **Inmutabilidad**: Una vez que una transacción es registrada en el blockchain, no puede ser modificada o eliminada.
- **Seguridad**: Utilizan mecanismos de consenso robustos como la Prueba de Trabajo (PoW) o la Prueba de Participación (PoS), que hacen que sea extremadamente difícil para un atacante tomar el control de la red.

2. **Ventajas**:
- **Confianza**: La descentralización y la transparencia generan confianza entre los participantes.
- **Acceso Abierto**: Cualquiera puede unirse a la red y participar en el proceso de validación de transacciones.
- **Innovación**: Las plataformas abiertas fomentan la innovación y el desarrollo de nuevas aplicaciones y servicios.

3. **Desventajas**:
- **Escalabilidad**: Las blockchains públicas suelen enfrentar problemas de escalabilidad, lo que puede resultar en tiempos de transacción más lentos y costos más altos.
- **Consumo de Energía**: Los mecanismos de consenso como PoW requieren una cantidad significativa de energía.
- **Privacidad**: Aunque las transacciones son

transparentes, esto también puede ser una desventaja para aplicaciones que requieren privacidad.

4. **Casos de Uso**:
   - **Criptomonedas**: Bitcoin y Ethereum son ejemplos de criptomonedas que operan en blockchains públicas.
   - **Aplicaciones Descentralizadas (dApps)**: Ethereum es conocido por permitir la creación de dApps y contratos inteligentes.
   - **Votación Electrónica**: La transparencia e inmutabilidad de las blockchains públicas pueden ser beneficiosas para sistemas de votación electrónica.

Blockchain Privada

Las blockchains privadas están restringidas a un grupo selecto de participantes. Son controladas por una sola organización que tiene la autoridad para decidir quién puede participar en la red y qué roles pueden desempeñar.

1. **Características Principales**:
   - **Control Centralizado**: Una entidad controla el acceso y la gestión del blockchain.
   - **Permisos**: Solo participantes autorizados pueden unirse a la red y realizar transacciones.
   - **Privacidad**: Mayor control sobre la privacidad y la confidencialidad de las transacciones.

2. **Ventajas**:
   - **Escalabilidad**: Generalmente más rápidas y escalables que las blockchains públicas debido a la menor cantidad de nodos y un consenso más eficiente.
   - **Privacidad y Confidencialidad**: Permiten mantener la privacidad de las transacciones y

los datos.
- **Eficiencia**: Menos consumo de energía y costos operativos más bajos.

3. **Desventajas**:
- **Confianza**: Requiere confianza en la entidad central que controla la red.
- **Transparencia**: Menos transparencia en comparación con las blockchains públicas.
- **Riesgo de Censura**: La entidad centralizada puede censurar transacciones o usuarios.

4. **Casos de Uso**:
- **Empresas y Corporaciones**: Gestión de la cadena de suministro, registros internos y transacciones financieras.
- **Gobiernos**: Registro de propiedad, sistemas de identidad y administración pública.
- **Salud**: Gestión de registros médicos electrónicos y intercambio seguro de información de salud.

Blockchain Permisionada

Las blockchains permisionadas son una combinación de blockchains públicas y privadas. Permiten la participación de múltiples entidades, pero solo participantes autorizados pueden realizar ciertas actividades como la validación de transacciones.

1. **Características Principales**:
- **Control Mixto**: Permite a múltiples entidades controlar la red, manteniendo cierto nivel de descentralización.
- **Permisos**: Acceso controlado y permisos para diferentes roles y funciones.
- **Privacidad y Transparencia**: Equilibrio entre privacidad y transparencia, dependiendo de la configuración de permisos.

2. **Ventajas**:
   - **Flexibilidad**: Combina los beneficios de las blockchains públicas y privadas.
   - **Eficiencia**: Mejor escalabilidad y eficiencia en comparación con blockchains públicas.
   - **Confianza Distribuida**: Mayor confianza entre los participantes al compartir el control de la red.
3. **Desventajas**:
   - **Complejidad de Implementación**: Requiere una gestión cuidadosa de permisos y roles.
   - **Riesgo de Colusión**: Posibilidad de que los participantes se coludan para manipular la red.
4. **Casos de Uso**:
   - **Consorcios Empresariales**: Colaboración entre varias empresas en una cadena de suministro.
   - **Redes Financieras**: Liquidación de transacciones entre bancos y otras instituciones financieras.
   - **Proyectos de Gobierno**: Iniciativas de múltiples agencias para compartir datos y recursos.

Blockchain de Consorcio

Las blockchains de consorcio son un tipo de blockchain permisionada donde varias organizaciones gestionan colectivamente la red. Cada miembro del consorcio tiene derechos y responsabilidades definidos para la operación y el mantenimiento del blockchain.

1. **Características Principales**:
   - **Control Distribuido**: El control de la red es

compartido por los miembros del consorcio.

- **Permisos Controlados**: Acceso restringido y roles definidos para los participantes.
- **Colaboración**: Fomenta la colaboración y la confianza entre las organizaciones participantes.

2. **Ventajas**:

- **Confianza y Transparencia**: Las decisiones son tomadas colectivamente, aumentando la confianza entre los miembros.
- **Eficiencia Operativa**: Mayor eficiencia en la validación de transacciones y la gestión de la red.
- **Reducción de Riesgos**: Distribución del riesgo entre los miembros del consorcio.

3. **Desventajas**:

- **Gobernanza Compleja**: La toma de decisiones puede ser más lenta debido a la necesidad de consenso entre múltiples organizaciones.
- **Limitada Descentralización**: A pesar de ser más descentralizada que una blockchain privada, sigue siendo menos descentralizada que una pública.

4. **Casos de Uso**:

- **Industria Financiera**: Redes de liquidación y compensación entre bancos.
- **Energía**: Gestión de redes inteligentes y comercio de energía entre compañías.
- **Logística y Transporte**: Colaboración entre empresas de transporte para optimizar la cadena de suministro.

Comparación de Tipos de Blockchain

Para facilitar la comprensión de las diferencias entre los diversos tipos de blockchain, a continuación se presenta una tabla comparativa que resalta las principales características de cada tipo:

Característica	Blockchain Pública	Blockchain Privada	Blockchain Permisionada	Blockchain de Consorcio
Control	Descentralizado	Centralizado	Mixto	Distribuido
Acceso	Abierto	Restringido	Restringido	Restringido
Transparencia	Alta	Baja	Moderada	Moderada
Escalabilidad	Baja	Alta	Alta	Alta
Privacidad	Baja	Alta	Moderada	Moderada
Consenso	PoW, PoS	PoA, PBFT	PoA, PBFT	PoA, PBFT
Ejemplos	Bitcoin, Ethereum	Hyperledger Fabric	Corda	R3 Corda, Quorum

Conclusión

El blockchain ha demostrado ser una tecnología versátil que puede adaptarse a diversas necesidades y aplicaciones. Desde blockchains públicas que ofrecen transparencia y descentralización, hasta blockchains privadas y permisionadas que proporcionan control y privacidad, cada tipo tiene sus propias ventajas y desafíos.

La elección del tipo de blockchain adecuado depende de factores como la necesidad de privacidad, la escalabilidad, el control y la transparencia. Comprender estas diferencias es crucial para cualquier desarrollador o empresa que desee implementar soluciones basadas en blockchain.

En los próximos capítulos, exploraremos más a fondo cómo implementar y utilizar estas diversas blockchains en aplicaciones prácticas, proporcionando ejemplos y casos de uso que ilustren su potencial. ¡Sigamos adelante y descubramos más sobre las aplicaciones prácticas del blockchain!

CAPÍTULO 6: CÓMO FUNCIONA EL BLOCKCHAIN

Introducción

Para comprender el funcionamiento del blockchain, es esencial desglosar sus componentes y procesos fundamentales. En este capítulo, exploraremos cómo se crean y validan los bloques, cómo se aseguran las transacciones, y cómo se mantienen la seguridad y la integridad del sistema. También discutiremos el papel de los mineros, las recompensas y las tarifas de transacción, así como los problemas y soluciones comunes en el blockchain.

Proceso de Creación de Bloques

El blockchain está compuesto por una secuencia continua de bloques, cada uno conteniendo un conjunto de transacciones. A continuación, describimos el proceso de creación de un bloque:

1. **Generación de Transacciones**: Los usuarios de la red generan transacciones. Cada transacción incluye información como el emisor, el receptor y la cantidad

transferida, y se firma digitalmente con la clave privada del emisor para asegurar su autenticidad.

2. **Propagación de Transacciones**: Las transacciones se propagan a través de la red P2P, siendo verificadas por los nodos de la red. Los nodos validan las transacciones comprobando que el emisor tiene suficientes fondos y que la firma digital es correcta.

3. **Formación de un Bloque**: Un conjunto de transacciones válidas se agrupa en un bloque. Este bloque incluye un encabezado con el hash del bloque anterior, un timestamp (marca de tiempo) y un nonce (número arbitrario utilizado solo una vez).

4. **Prueba de Trabajo (PoW)**: En blockchains que utilizan PoW, como Bitcoin, los mineros compiten para resolver un complejo problema matemático relacionado con el nonce. El primero en resolverlo valida el bloque y lo añade al blockchain.

5. **Propagación del Bloque**: Una vez que se ha validado un bloque, se propaga a todos los nodos de la red. Cada nodo verifica el bloque y lo añade a su copia local del blockchain.

6. **Recompensas y Tarifas de Transacción**: El minero que valida el bloque recibe una recompensa en criptomonedas y las tarifas asociadas con las transacciones incluidas en el bloque.

Validación y Confirmación de Transacciones

La validación y confirmación de transacciones son procesos esenciales para mantener la integridad del blockchain. Aquí explicamos cómo funcionan estos procesos:

1. **Validación Inicial**: Cuando un nodo recibe una

nueva transacción, primero verifica la validez de la transacción comprobando la firma digital y asegurando que el emisor tiene suficientes fondos. Si la transacción es válida, se propaga a otros nodos.

2. **Incorporación en un Bloque**: Las transacciones válidas se incluyen en un bloque que los mineros intentan validar. Este proceso involucra la solución de un problema matemático en blockchains PoW o la validación de transacciones en blockchains PoS.

3. **Confirmación**: Una vez que un bloque es validado y añadido al blockchain, la transacción incluida en ese bloque se considera confirmada. Cuantos más bloques se añadan después del bloque que contiene la transacción, mayor será la seguridad de que la transacción es irreversible.

Seguridad del Blockchain

La seguridad es uno de los aspectos más críticos del blockchain. Se logra mediante una combinación de criptografía, descentralización y mecanismos de consenso. A continuación, se describen los principales elementos de seguridad del blockchain:

1. **Criptografía**: Las transacciones y los bloques están protegidos mediante criptografía asimétrica (claves públicas y privadas) y funciones hash (SHA-256, por ejemplo). Esto asegura que las transacciones no puedan ser alteradas y que solo los propietarios legítimos puedan autorizar transacciones.

2. **Descentralización**: La naturaleza descentralizada del blockchain significa que no hay un punto único de falla. Todos los nodos tienen una copia completa del blockchain, lo que hace extremadamente difícil que un atacante pueda alterar la información sin ser

detectado.

3. **Mecanismos de Consenso**: Los mecanismos de consenso como PoW y PoS aseguran que solo los bloques válidos sean añadidos al blockchain. Estos mecanismos requieren que los participantes (mineros o validadores) inviertan recursos significativos, lo que disuade ataques como el doble gasto o la manipulación de bloques.

Problemas y Soluciones Comunes en Blockchain

A pesar de sus fortalezas, el blockchain enfrenta varios problemas. Aquí discutimos algunos de los problemas más comunes y las soluciones que se están desarrollando:

1. **Escalabilidad**: A medida que la red crece, el tiempo de confirmación de transacciones y los costos pueden aumentar.

    - **Soluciones**: Implementación de soluciones de segunda capa como Lightning Network para Bitcoin y sharding para Ethereum. Estas soluciones permiten procesar transacciones fuera de la cadena principal o dividir la red en segmentos más manejables.

2. **Consumo Energético**: La minería PoW consume grandes cantidades de energía, lo que es insostenible a largo plazo.

    - **Soluciones**: Migración a mecanismos de consenso más eficientes como PoS. Ethereum, por ejemplo, está en proceso de cambiar a PoS con Ethereum 2.0, lo que reduce significativamente el consumo de energía.

3. **Privacidad**: Aunque el blockchain es transparente, esto puede comprometer la privacidad de los usuarios.

- **Soluciones**: Desarrollo de blockchains con características de privacidad mejoradas como Monero y Zcash, que utilizan técnicas de criptografía avanzadas para ocultar detalles de las transacciones.

4. **Interoperabilidad**: Los diferentes blockchains a menudo no pueden comunicarse entre sí, limitando su utilidad.

- **Soluciones**: Protocolos de interoperabilidad como Polkadot y Cosmos están siendo desarrollados para permitir la comunicación y transferencia de valor entre diferentes blockchains.

Recompensas y Tarifas de Transacción

Las recompensas y tarifas de transacción son incentivos clave que mantienen el funcionamiento del blockchain. Aquí explicamos cómo funcionan:

1. **Recompensas por Minería**: En blockchains PoW, los mineros reciben una recompensa en criptomonedas por validar bloques. Esta recompensa se reduce periódicamente (como en el caso del halving de Bitcoin) para controlar la emisión de nuevas monedas.

2. **Tarifas de Transacción**: Además de las recompensas por minería, los mineros también reciben tarifas pagadas por los usuarios que realizan transacciones. Estas tarifas compensan a los mineros por el poder computacional utilizado para procesar las transacciones.

3. **Recompensas en PoS**: En blockchains PoS, los validadores que apuestan sus criptomonedas para asegurar la red reciben recompensas basadas en las

tarifas de transacción y, en algunos casos, en nuevas emisiones de criptomonedas.

Problemas y Soluciones Comunes en Blockchain

A pesar de sus fortalezas, el blockchain enfrenta varios problemas. Aquí discutimos algunos de los problemas más comunes y las soluciones que se están desarrollando:

1. **Escalabilidad**: A medida que la red crece, el tiempo de confirmación de transacciones y los costos pueden aumentar.
   - **Soluciones**: Implementación de soluciones de segunda capa como Lightning Network para Bitcoin y sharding para Ethereum. Estas soluciones permiten procesar transacciones fuera de la cadena principal o dividir la red en segmentos más manejables.

2. **Consumo Energético**: La minería PoW consume grandes cantidades de energía, lo que es insostenible a largo plazo.
   - **Soluciones**: Migración a mecanismos de consenso más eficientes como PoS. Ethereum, por ejemplo, está en proceso de cambiar a PoS con Ethereum 2.0, lo que reduce significativamente el consumo de energía.

3. **Privacidad**: Aunque el blockchain es transparente, esto puede comprometer la privacidad de los usuarios.
   - **Soluciones**: Desarrollo de blockchains con características de privacidad mejoradas como Monero y Zcash, que utilizan técnicas de criptografía avanzadas para ocultar detalles de las transacciones.

4. **Interoperabilidad**: Los diferentes blockchains a

menudo no pueden comunicarse entre sí, limitando su utilidad.

- **Soluciones**: Protocolos de interoperabilidad como Polkadot y Cosmos están siendo desarrollados para permitir la comunicación y transferencia de valor entre diferentes blockchains.

Proceso de Verificación y Consenso

El proceso de verificación y consenso es fundamental para el funcionamiento de cualquier blockchain. Este proceso asegura que todas las transacciones sean válidas y que no se puedan revertir ni duplicar. A continuación, se detallan los pasos de este proceso:

1. **Propuesta de Bloque**: Los nodos (mineros en PoW o validadores en PoS) proponen nuevos bloques que contienen las transacciones recientes.

2. **Verificación de Transacciones**: Cada nodo verifica las transacciones dentro del bloque propuesto para asegurarse de que sean válidas. Esto incluye comprobar las firmas digitales y confirmar que el emisor tiene suficientes fondos.

3. **Solución de Problemas Criptográficos (en PoW)**: En PoW, los mineros compiten para resolver un problema criptográfico complejo. El primer minero en resolverlo añade el bloque al blockchain y recibe una recompensa.

4. **Validación de Bloques (en PoS)**: En PoS, los validadores son seleccionados para proponer y validar bloques en función de la cantidad de criptomonedas que tienen en juego. Los bloques propuestos se validan rápidamente, ya que no requieren la resolución de problemas complejos.

5. **Propagación de Bloques**: Una vez validado, el nuevo

bloque se propaga a través de la red y se añade a la copia local del blockchain en cada nodo.

6. **Confirmaciones**: Las transacciones dentro del bloque se consideran confirmadas una vez que se añaden más bloques después de él. Cuantas más confirmaciones tenga una transacción, más segura es.

Herramientas y Plataformas para el Desarrollo en Blockchain

Para desarrollar aplicaciones basadas en blockchain, existen varias herramientas y plataformas que facilitan el proceso. A continuación, se describen algunas de las más populares:

1. **Ethereum**:
   - **Truffle Suite**: Un entorno de desarrollo para Ethereum que incluye un framework para contratos inteligentes, una herramienta para probar aplicaciones y un kit de herramientas de desarrollo.
   - **Remix**: Un IDE basado en la web para escribir, compilar y desplegar contratos inteligentes en Ethereum.
   - **Metamask**: Una extensión de navegador que actúa como billetera de Ethereum y facilita la interacción con aplicaciones descentralizadas (dApps).

2. **Hyperledger Fabric**:
   - **Composer**: Un conjunto de herramientas para construir redes blockchain y aplicaciones empresariales sobre Hyperledger Fabric.
   - **Caliper**: Una herramienta de referencia para medir el rendimiento de una implementación de blockchain.

3. **Corda**:

- **Corda SDK**: Un kit de desarrollo de software para construir aplicaciones Corda.
- **Corda Network**: Una red global para aplicaciones Corda que permite la interoperabilidad entre aplicaciones.

4. **Bitcoin**:
- **Bitcoin Core**: El cliente completo de Bitcoin que incluye una billetera y un nodo completo.
- **BTCPay Server**: Una solución de pago de Bitcoin de código abierto que permite a los comerciantes aceptar pagos en Bitcoin.

Conclusión

Entender cómo funciona el blockchain es fundamental para cualquiera que desee desarrollar o utilizar esta tecnología. Este capítulo ha desglosado el proceso de creación de bloques, la validación de transacciones, los mecanismos de consenso y los componentes de seguridad que hacen que el blockchain sea robusto y confiable. También hemos discutido algunos de los desafíos y soluciones comunes en el blockchain, así como las herramientas y plataformas disponibles para el desarrollo.

En los próximos capítulos, exploraremos más a fondo aplicaciones específicas del blockchain, proporcionando ejemplos prácticos y casos de uso que ilustran cómo se puede aplicar esta tecnología en el mundo real. ¡Continuemos nuestro viaje para descubrir más sobre el apasionante mundo del blockchain!

CAPÍTULO 7:
CRIPTOGRAFÍA Y
SEGURIDAD EN
BLOCKCHAIN

Introducción

L a seguridad es uno de los pilares fundamentales de la tecnología blockchain. Gracias a la criptografía, el blockchain puede asegurar la integridad, la confidencialidad y la autenticidad de las transacciones. En este capítulo, exploraremos en profundidad los diferentes métodos criptográficos utilizados en el blockchain, cómo aseguran la red y cómo previenen actividades maliciosas. También discutiremos algunas vulnerabilidades y las medidas de seguridad que se pueden implementar para mitigarlas.

Criptografía Asimétrica y Firmas Digitales

La criptografía asimétrica, también conocida como criptografía de clave pública, es esencial para la seguridad de las transacciones en blockchain. Utiliza dos claves: una clave pública y una clave privada. Estas claves tienen las siguientes propiedades:

- **Clave Privada**: Es secreta y se utiliza para firmar transacciones. Solo el propietario de la clave privada puede generar firmas válidas.
- **Clave Pública**: Se comparte públicamente y se utiliza para verificar la autenticidad de las firmas digitales generadas con la clave privada correspondiente.

Funcionamiento de las Firmas Digitales

1. **Firma de Transacciones**: Cuando un usuario desea enviar una transacción, utiliza su clave privada para generar una firma digital. Esta firma es única para esa transacción específica y garantiza que solo el propietario de la clave privada pudo haberla generado.
2. **Verificación de Firmas**: Cualquier nodo en la red puede utilizar la clave pública del emisor para verificar la firma digital. Si la verificación es exitosa, la transacción se considera válida.

Algoritmo de Firma Digital ECDSA

El Algoritmo de Firma Digital de Curva Elíptica (ECDSA) es ampliamente utilizado en blockchain debido a su seguridad y eficiencia. Proporciona un alto nivel de seguridad con claves más pequeñas en comparación con otros algoritmos criptográficos como RSA.

Hashing y su Importancia en Blockchain

Las funciones hash son algoritmos matemáticos que convierten cualquier entrada en una cadena de caracteres de longitud fija. En blockchain, las funciones hash tienen varias propiedades cruciales:

- **Determinísticas**: La misma entrada siempre produce la misma salida.
- **Resistentes a Colisiones**: Es extremadamente difícil encontrar dos entradas diferentes que produzcan la misma salida.
- **Resistentes a Pre-imágenes**: Es casi imposible revertir la función hash para obtener la entrada original a partir de la salida.
- **Resistentes a Segunda Pre-imagen**: Es difícil encontrar una segunda entrada que produzca la misma salida que una entrada específica.

Uso De Hashing En Blockchain

1. **Verificación de Integridad**: Cada bloque contiene un hash del bloque anterior. Esto garantiza que cualquier alteración en un bloque cambiaría el hash, invalidando todos los bloques posteriores.
2. **Prueba de Trabajo (PoW)**: En blockchains que utilizan PoW, los mineros deben encontrar un nonce que, combinado con los datos del bloque, produce un hash con ciertas propiedades (por ejemplo, un número específico de ceros al principio).

SHA-256

SHA-256 (Secure Hash Algorithm 256-bit) es la función hash utilizada por Bitcoin. Genera una salida de 256 bits y es conocida por su alta seguridad y eficiencia. SHA-256 es fundamental para la creación y verificación de bloques en la red de Bitcoin.

Seguridad de la Red Blockchain

La seguridad de la red blockchain se basa en varios principios y mecanismos:

1. **Descentralización**: No hay un único punto de fallo. La red está distribuida entre muchos nodos, lo que dificulta los ataques coordinados.
2. **Mecanismos de Consenso**: Aseguran que solo las transacciones válidas se añadan al blockchain.
3. **Inmutabilidad**: Una vez que un bloque es añadido al blockchain, no puede ser modificado sin cambiar todos los bloques siguientes, lo que es prácticamente imposible debido al esfuerzo computacional requerido.

Vulnerabilidades Comunes y Medidas de Seguridad

A pesar de su robustez, el blockchain no es inmune a vulnerabilidades. A continuación, se describen algunas de las vulnerabilidades más comunes y las medidas para mitigarlas:

1. **Ataques del 51%**: Si un atacante controla más del 50% del poder de minado, puede reorganizar bloques y revertir transacciones.
   - **Mitigación**: Mantener una alta descentralización de la red para hacer económicamente inviable tal ataque. PoS también reduce la probabilidad de un ataque del 51%.

2. **Ataques de Sybil**: Un atacante crea múltiples identidades falsas para influir en la red.
   - **Mitigación**: Requieren que los nodos proporcionen pruebas de trabajo o pruebas de participación para unirse a la red.

3. **Ataques de Denegación de Servicio (DoS)**: Los atacantes inundan la red con transacciones maliciosas para sobrecargar los nodos.

- **Mitigación**: Implementar tarifas de transacción y límites de tasa para dificultar los ataques DoS.

4. **Vulnerabilidades en Contratos Inteligentes**: Los contratos inteligentes pueden tener errores o vulnerabilidades que los atacantes pueden explotar.

- **Mitigación**: Realizar auditorías de seguridad exhaustivas y utilizar lenguajes de programación seguros y herramientas de verificación formal.

Criptografía Post-Cuántica

La criptografía post-cuántica se refiere a algoritmos criptográficos diseñados para ser seguros contra los ataques de computadoras cuánticas, que tienen el potencial de romper muchos de los algoritmos criptográficos actuales. Aunque las computadoras cuánticas aún están en una etapa experimental, la investigación en criptografía post-cuántica es crucial para el futuro de la seguridad en blockchain.

1. **Algoritmos Post-Cuánticos**: Incluyen sistemas de cifrado basados en retículas, códigos y funciones hash.
2. **Transición Gradual**: Las redes blockchain deben planificar una transición gradual hacia algoritmos post-cuánticos para garantizar la seguridad a largo plazo.

Mejoras Futuras en la Seguridad de Blockchain

El campo de la seguridad en blockchain está en constante

evolución, con varias mejoras futuras en desarrollo:

1. **Firmas Agregadas**: Permiten combinar múltiples firmas en una sola, reduciendo el espacio necesario y mejorando la eficiencia.
2. **Prueba de Conocimiento Cero (ZKP)**: Permiten verificar la autenticidad de los datos sin revelar la información subyacente. Esto mejora la privacidad y la seguridad.
3. **Contratos Inteligentes Verificables**: Herramientas que permiten verificar formalmente la seguridad de los contratos inteligentes antes de su implementación.

Caso de Estudio: La Seguridad de Bitcoin

Bitcoin es la criptomoneda más conocida y ha demostrado ser altamente segura desde su creación en 2009. Su seguridad se basa en varios principios y mecanismos:

1. **Descentralización Extrema**: Miles de nodos y mineros distribuidos por todo el mundo.
2. **Mecanismo de Consenso PoW**: Requiere un esfuerzo computacional significativo para validar bloques.
3. **Transparencia**: Todas las transacciones son públicas, lo que permite la auditoría y la detección de actividades sospechosas.
4. **Criptografía Avanzada**: Uso de SHA-256 y ECDSA para asegurar las transacciones y los bloques.

Bitcoin ha resistido múltiples intentos de ataque y sigue siendo una de las redes blockchain más seguras y confiables del mundo.

Conclusión

La criptografía y la seguridad son los cimientos sobre los cuales se construye el blockchain. Gracias a los avanzados algoritmos criptográficos, los mecanismos de consenso robustos y la descentralización, el blockchain puede ofrecer un alto nivel de seguridad y confianza. Sin embargo, como cualquier tecnología, no está exento de vulnerabilidades. Es crucial mantenerse actualizado con las últimas investigaciones y mejores prácticas en seguridad para asegurar la integridad y la confiabilidad de las redes blockchain.

En los próximos capítulos, continuaremos explorando más aspectos del blockchain, incluyendo sus aplicaciones prácticas y cómo desarrollar soluciones basadas en esta tecnología. ¡Sigamos adelante para descubrir más sobre el fascinante mundo del blockchain!

CAPÍTULO 8: MINERÍA DE CRIPTOMONEDAS

Introducción

La minería de criptomonedas es uno de los componentes más esenciales y fascinantes del ecosistema blockchain. Es el proceso mediante el cual se validan y registran nuevas transacciones en el blockchain y, simultáneamente, se generan nuevas unidades de criptomonedas. En este capítulo, exploraremos en profundidad qué es la minería, cómo funciona, las herramientas y hardware necesarios, las recompensas y los incentivos, y los desafíos que enfrenta la industria minera.

Qué es la Minería de Criptomonedas

La minería de criptomonedas es el proceso de validar transacciones y agregar nuevos bloques al blockchain. Este proceso asegura que las transacciones sean legítimas y que el blockchain se mantenga seguro y descentralizado. Los mineros compiten para resolver complejos problemas matemáticos y el primero en resolverlo obtiene el derecho de agregar un nuevo bloque al blockchain y recibir una recompensa.

1. **Validación de Transacciones**: Los mineros verifican que las transacciones incluidas en un bloque sean válidas, es decir, que no haya intentos de doble gasto y que las firmas digitales sean correctas.
2. **Agregación de Bloques**: Una vez que las transacciones son validadas, se agrupan en un bloque que se añade al final del blockchain.
3. **Resolución de Problemas Matemáticos**: Los mineros deben encontrar un nonce (un número aleatorio) que, cuando se combina con los datos del bloque, produce un hash que cumple con ciertos requisitos (por ejemplo, un número específico de ceros al inicio del hash en PoW).

Cómo Funciona el Proceso de Minería

El proceso de minería puede variar ligeramente dependiendo de la criptomoneda y el algoritmo de consenso utilizado. A continuación se describe el proceso en un blockchain de Prueba de Trabajo (PoW) como Bitcoin:

1. **Recolección de Transacciones**: Los mineros recolectan transacciones no confirmadas de la mempool (una especie de "sala de espera" para transacciones).
2. **Formación del Bloque**: Las transacciones validadas se agrupan en un nuevo bloque, junto con el hash del bloque anterior y un nonce.
3. **Cálculo del Hash**: Los mineros calculan el hash del bloque cambiando el nonce repetidamente hasta encontrar un hash que cumpla con los requisitos del algoritmo de consenso.
4. **Verificación del Bloque**: El bloque con el hash correcto se propaga a la red. Los nodos verifican el bloque y, si es válido, lo añaden a sus copias del blockchain.
5. **Recompensa al Minero**: El minero que encontró el hash

válido recibe una recompensa en criptomonedas y las tarifas de transacción incluidas en el bloque.

Equipos de Minería y Software

La minería de criptomonedas requiere hardware y software especializados. Aquí se describen los componentes más importantes:

1. **Hardware de Minería**:
   - **CPU (Unidad Central de Procesamiento)**: Inicialmente utilizado para minería, pero ahora es obsoleto para la mayoría de las criptomonedas debido a su baja eficiencia.
   - **GPU (Unidad de Procesamiento Gráfico)**: Más eficiente que las CPU y todavía utilizado para la minería de algunas criptomonedas.
   - **ASIC (Circuito Integrado de Aplicación Específica)**: Hardware especializado diseñado específicamente para la minería de criptomonedas. Los ASIC son extremadamente eficientes pero costosos y específicos para una sola criptomoneda.

2. **Software de Minería**:
   - **Bitcoin Core**: Cliente completo de Bitcoin que incluye una billetera y software de minería.
   - **CGMiner**: Software de minería de código abierto compatible con la mayoría de hardware de minería.
   - **BFGMiner**: Otro software de minería de código abierto similar a CGMiner, con soporte para minería en red y múltiples dispositivos.

3. **Pools de Minería**: La minería en solitario puede ser poco rentable debido a la alta dificultad de encontrar un bloque. Los mineros suelen unirse a pools de minería, donde combinan su poder de hash y

comparten las recompensas de manera proporcional a su contribución.

Recompensas e Incentivos

La minería de criptomonedas es una actividad incentivada por recompensas en criptomonedas. Las recompensas e incentivos son esenciales para motivar a los mineros a validar transacciones y mantener la seguridad de la red. A continuación se describen los principales incentivos:

1. **Recompensas por Bloque**: La recompensa por bloque es la cantidad de criptomonedas que un minero recibe por agregar un nuevo bloque al blockchain. En Bitcoin, esta recompensa se reduce aproximadamente a la mitad cada cuatro años en un evento conocido como "halving". La recompensa inicial era de 50 BTC por bloque, y a partir de 2020 es de 6.25 BTC por bloque.

2. **Tarifas de Transacción**: Además de la recompensa por bloque, los mineros también reciben las tarifas de transacción pagadas por los usuarios que desean que sus transacciones se incluyan en un bloque. Estas tarifas son una fuente importante de ingresos, especialmente cuando la recompensa por bloque disminuye con el tiempo.

3. **Incentivos de Participación en PoS**: En blockchains que utilizan Prueba de Participación (PoS), los validadores son recompensados en función de la cantidad de criptomonedas que tienen en juego. Esto incentiva a los participantes a mantener y asegurar la red.

Desafíos de la Minería

La minería de criptomonedas enfrenta varios desafíos técnicos, económicos y ambientales. A continuación se describen algunos de los desafíos más significativos y las posibles soluciones:

1. **Consumo Energético**: La minería PoW, especialmente en Bitcoin, consume una gran cantidad de energía. Esto ha llevado a preocupaciones sobre la sostenibilidad ambiental.

   - **Soluciones**: Desarrollar y utilizar fuentes de energía renovable para la minería. Además, la transición a mecanismos de consenso más eficientes como PoS puede reducir significativamente el consumo de energía.

2. **Centralización**: La minería se ha vuelto cada vez más centralizada, con grandes pools y granjas de minería dominando el mercado. Esto puede comprometer la descentralización y la seguridad del blockchain.

   - **Soluciones**: Fomentar la descentralización mediante la regulación y el desarrollo de tecnologías que permitan a los mineros individuales competir de manera más equitativa.

3. **Competencia y Rentabilidad**: La minería es altamente competitiva y puede no ser rentable para los mineros pequeños debido a los altos costos de hardware y electricidad.

   - **Soluciones**: Optimizar la eficiencia del hardware y software de minería, y considerar la participación en criptomonedas emergentes con menor dificultad de minería.

Futuro de la Minería de Criptomonedas

El futuro de la minería de criptomonedas está en constante evolución. A medida que la tecnología avanza y las criptomonedas se adoptan más ampliamente, es probable que veamos cambios significativos en cómo se realiza la minería. Algunas tendencias y desarrollos futuros incluyen:

1. **Minería Eficiente en Energía**: Se están desarrollando nuevos algoritmos y tecnologías para hacer la minería más eficiente energéticamente. La adopción de PoS y otras alternativas a PoW es un paso importante en esta dirección.

2. **Minería Descentralizada**: Proyectos como Helium están explorando la minería descentralizada utilizando dispositivos de bajo costo y baja energía, lo que podría hacer que la minería sea más accesible y equitativa.

3. **Regulación y Cumplimiento**: A medida que los gobiernos y las autoridades reguladoras prestan más atención a las criptomonedas, es probable que se implementen regulaciones para garantizar que la minería sea sostenible y segura.

4. **Integración con IoT**: La integración de la minería con dispositivos IoT puede abrir nuevas posibilidades para la validación de transacciones y la generación de criptomonedas utilizando dispositivos cotidianos.

Conclusión

La minería de criptomonedas es un proceso complejo y dinámico que desempeña un papel crucial en la seguridad y la integridad del blockchain. A través de la validación de transacciones y la creación de nuevos bloques, los mineros aseguran que el blockchain funcione de manera eficiente y segura. A pesar de los desafíos técnicos y económicos, la minería sigue siendo una parte vital del ecosistema de criptomonedas, y su evolución continuará impulsando innovaciones en tecnología y sostenibilidad.

En los próximos capítulos, exploraremos otros aspectos

del blockchain, incluidos los contratos inteligentes y las aplicaciones prácticas de esta tecnología revolucionaria. ¡Continuemos nuestro viaje para descubrir más sobre el apasionante mundo del blockchain!

CAPÍTULO 9:
CONTRATOS
INTELIGENTES

Introducción

Los contratos inteligentes son una de las innovaciones más significativas en el ecosistema blockchain. Estos programas autoejecutables permiten la automatización de acuerdos y transacciones sin la necesidad de intermediarios. En este capítulo, exploraremos qué son los contratos inteligentes, cómo funcionan, sus componentes, las plataformas populares para desarrollarlos, casos de uso y los desafíos que enfrentan.

Definición y Características de los Contratos Inteligentes

Un contrato inteligente es un acuerdo autoejecutable en el que los términos del acuerdo están escritos directamente en el código. Este código se ejecuta automáticamente cuando se cumplen ciertas condiciones predefinidas. Algunas de las características clave de los contratos inteligentes incluyen:

1. **Automatización**: Los contratos inteligentes se ejecutan automáticamente cuando se cumplen las condiciones establecidas, eliminando la necesidad de intermediarios.
2. **Transparencia**: El código del contrato y las transacciones resultantes son visibles en el blockchain, lo que asegura la transparencia.
3. **Inmutabilidad**: Una vez desplegado en el blockchain, el contrato inteligente no puede ser modificado, asegurando que las condiciones originales se mantengan.
4. **Seguridad**: Utilizan criptografía avanzada para asegurar que las transacciones y datos sean seguros y auténticos.

Cómo Funcionan los Contratos Inteligentes

El funcionamiento de los contratos inteligentes implica varios pasos clave:

1. **Escritura del Contrato**: Los desarrolladores escriben el contrato en un lenguaje de programación compatible con la plataforma de blockchain utilizada (por ejemplo, Solidity en Ethereum).
2. **Despliegue en el Blockchain**: El contrato se despliega en el blockchain, donde reside de forma inmutable.
3. **Ejecución Automática**: Cuando se cumplen las condiciones predefinidas, el contrato se ejecuta automáticamente, desencadenando las acciones especificadas (como la transferencia de fondos).
4. **Verificación y Registro**: Las transacciones resultantes se verifican y registran en el blockchain, asegurando la transparencia y la inmutabilidad.

Componentes de un

Contrato Inteligente

Un contrato inteligente generalmente se compone de los siguientes elementos:

1. **Funciones**: Define las acciones que el contrato puede realizar. Por ejemplo, transferir fondos, verificar condiciones, o actualizar estados.
2. **Eventos**: Permiten al contrato emitir notificaciones cuando ocurren ciertos eventos. Esto puede ser útil para monitorear la actividad del contrato.
3. **Estados**: Almacenan datos que pueden cambiar en función de las interacciones con el contrato. Por ejemplo, el saldo de una cuenta o el estado de un acuerdo.
4. **Modificadores**: Restringen la ejecución de funciones. Por ejemplo, solo el propietario del contrato puede ejecutar ciertas funciones.

Plataformas Populares para Desarrollar Contratos Inteligentes

Hay varias plataformas de blockchain que soportan el desarrollo y despliegue de contratos inteligentes. Algunas de las más populares incluyen:

1. **Ethereum**: La plataforma de contratos inteligentes más utilizada. Utiliza el lenguaje de programación Solidity para escribir contratos inteligentes.
2. **EOS**: Proporciona una infraestructura escalable para el desarrollo de aplicaciones descentralizadas y contratos inteligentes.
3. **Hyperledger Fabric**: Una plataforma empresarial de blockchain que permite la creación de contratos inteligentes conocidos como "chaincode".
4. **NEO**: A menudo llamado el "Ethereum de China",

NEO soporta contratos inteligentes y se enfoca en la digitalización de activos y la identidad digital.

5. **Cardano**: Utiliza el lenguaje de programación Plutus y se centra en la seguridad y la escalabilidad.

Ejemplos de Uso de Contratos Inteligentes

Los contratos inteligentes tienen una amplia gama de aplicaciones en diversas industrias. A continuación, se presentan algunos ejemplos destacados:

1. **Finanzas Descentralizadas (DeFi)**: Los contratos inteligentes permiten la creación de plataformas financieras descentralizadas que ofrecen servicios como préstamos, intercambios y seguros sin intermediarios.

2. **Gestión de la Cadena de Suministro**: Permiten la automatización y la verificación de cada paso en la cadena de suministro, desde la producción hasta la entrega.

3. **Votación Electrónica**: Aseguran la transparencia y la inmutabilidad de los votos, reduciendo el riesgo de fraude electoral.

4. **Propiedad Intelectual**: Los contratos inteligentes pueden automatizar la gestión de derechos de autor y la distribución de regalías.

5. **Inmobiliario**: Facilitan las transacciones de bienes raíces, asegurando que los fondos y los títulos de propiedad se transfieran automáticamente cuando se cumplan las condiciones del contrato.

Desafíos y Limitaciones de los Contratos Inteligentes

A pesar de sus ventajas, los contratos inteligentes también enfrentan varios desafíos y limitaciones:

1. **Complejidad del Código**: Los contratos inteligentes deben ser escritos con precisión, ya que cualquier error en el código puede tener consecuencias graves y permanentes.
   - **Soluciones**: Utilización de auditorías de seguridad y herramientas de verificación formal para asegurar la integridad del código.

2. **Escalabilidad**: La ejecución de contratos inteligentes puede ser costosa y lenta en redes blockchain congestionadas.
   - **Soluciones**: Implementación de soluciones de escalabilidad como cadenas laterales (sidechains) y rollups para mejorar la eficiencia.

3. **Seguridad**: A pesar de la criptografía avanzada, los contratos inteligentes pueden ser vulnerables a ataques si no están bien diseñados.
   - **Soluciones**: Adopción de mejores prácticas de seguridad, como el desarrollo seguro, la auditoría de contratos y la utilización de estándares de la industria.

4. **Interoperabilidad**: La falta de interoperabilidad entre diferentes plataformas de blockchain puede limitar la adopción de contratos inteligentes.
   - **Soluciones**: Desarrollo de protocolos de interoperabilidad como Polkadot y Cosmos para permitir la comunicación entre diferentes blockchains.

Herramientas para el Desarrollo de Contratos Inteligentes

Hay varias herramientas que facilitan el desarrollo, prueba y despliegue de contratos inteligentes. Algunas de las más populares incluyen:

1. **Truffle Suite**: Un entorno de desarrollo para Ethereum que incluye herramientas para la compilación, prueba y despliegue de contratos inteligentes.
2. **Remix IDE**: Un IDE basado en web para escribir, compilar y desplegar contratos inteligentes en Ethereum.
3. **Ganache**: Una herramienta que permite crear una blockchain local para pruebas y desarrollo.
4. **MythX**: Una plataforma de análisis de seguridad para contratos inteligentes que ayuda a identificar vulnerabilidades en el código.

Casos de Estudio

1. **MakerDAO**: Un protocolo DeFi en Ethereum que permite la creación de la stablecoin DAI mediante contratos inteligentes. Los usuarios pueden generar DAI depositando criptoactivos como garantía.
2. **Uniswap**: Un intercambio descentralizado (DEX) que utiliza contratos inteligentes para facilitar el comercio de criptomonedas sin intermediarios. Los usuarios pueden intercambiar tokens directamente desde sus billeteras.
3. **Chainlink**: Un oráculo descentralizado que proporciona datos del mundo real a contratos inteligentes. Permite a los contratos inteligentes interactuar con APIs externas y otros datos off-chain.

Futuro de los Contratos Inteligentes

El futuro de los contratos inteligentes es prometedor y

se espera que continúen evolucionando para ofrecer mayor funcionalidad, seguridad y eficiencia. Algunas tendencias futuras incluyen:

1. **Contratos Inteligentes Interoperables**: Mayor enfoque en la interoperabilidad entre diferentes plataformas blockchain para permitir contratos inteligentes más complejos y funcionales.
2. **Mejoras en la Seguridad**: Desarrollo de mejores prácticas y herramientas para garantizar la seguridad y la auditoría de contratos inteligentes.
3. **Adopción Empresarial**: Mayor adopción de contratos inteligentes en el sector empresarial para automatizar procesos y mejorar la eficiencia operativa.
4. **Contratos Inteligentes Híbridos**: Combinación de contratos inteligentes con tecnologías emergentes como la inteligencia artificial y el Internet de las Cosas (IoT) para crear aplicaciones más avanzadas y adaptativas.

Conclusión

Los contratos inteligentes representan un avance significativo en la automatización de acuerdos y transacciones, ofreciendo transparencia, seguridad y eficiencia sin precedentes. Aunque enfrentan desafíos técnicos y de seguridad, las innovaciones continuas y el creciente interés en esta tecnología aseguran que los contratos inteligentes seguirán siendo una parte crucial del ecosistema blockchain.

En los próximos capítulos, continuaremos explorando más aplicaciones prácticas del blockchain y cómo esta tecnología está transformando diversas industrias. ¡Sigamos adelante para descubrir más sobre el apasionante mundo del blockchain!

CAPÍTULO 10: APLICACIONES DE BLOCKCHAIN

Introducción

El blockchain ha demostrado ser una tecnología transformadora con aplicaciones que van más allá de las criptomonedas. Desde la gestión de la cadena de suministro hasta la votación electrónica, el blockchain está revolucionando diversas industrias al proporcionar transparencia, seguridad y eficiencia. En este capítulo, exploraremos una variedad de aplicaciones del blockchain, sus beneficios y los desafíos que enfrentan.

Aplicaciones Financieras

El sector financiero ha sido uno de los primeros en adoptar el blockchain debido a sus necesidades críticas de seguridad y eficiencia. A continuación, se presentan algunas de las aplicaciones financieras más destacadas del blockchain:

1. **Transferencias Internacionales**:
   - **Beneficios**: El blockchain permite

transferencias internacionales rápidas y de bajo costo, eliminando la necesidad de intermediarios y reduciendo las tarifas.

- **Ejemplo**: Ripple es una plataforma de blockchain que facilita transferencias de dinero entre diferentes países en cuestión de segundos.

2. **Pagos Digitales**:
- **Beneficios**: Las transacciones con criptomonedas pueden realizarse directamente entre pares, eliminando la necesidad de intermediarios y mejorando la privacidad.
- **Ejemplo**: Bitcoin y otras criptomonedas se utilizan para pagos digitales y compras en línea.

3. **Contratos Financieros y Derivados**:
- **Beneficios**: Los contratos inteligentes permiten la creación y ejecución automática de contratos financieros y derivados, mejorando la transparencia y reduciendo el riesgo de incumplimiento.
- **Ejemplo**: MakerDAO utiliza contratos inteligentes para crear y gestionar la stablecoin DAI, que está respaldada por colateral en criptomonedas.

Gestión de la Cadena de Suministro

La cadena de suministro es una de las áreas donde el blockchain puede ofrecer enormes beneficios al proporcionar trazabilidad, transparencia y eficiencia. A continuación, se describen algunas aplicaciones en esta área:

1. **Trazabilidad de Productos**:
- **Beneficios**: El blockchain permite rastrear el

origen y el recorrido de los productos a lo largo de la cadena de suministro, asegurando la autenticidad y reduciendo el fraude.

- **Ejemplo**: IBM Food Trust utiliza blockchain para rastrear alimentos desde el productor hasta el consumidor, mejorando la seguridad alimentaria.

2. **Gestión de Inventarios**:
- **Beneficios**: La automatización de la gestión de inventarios mediante contratos inteligentes puede reducir los errores y mejorar la eficiencia operativa.
- **Ejemplo**: VeChain utiliza blockchain para gestionar y rastrear inventarios en tiempo real, mejorando la eficiencia de la cadena de suministro.

3. **Transparencia y Verificación**:
- **Beneficios**: El blockchain proporciona un registro inmutable de todas las transacciones y movimientos en la cadena de suministro, mejorando la transparencia y facilitando la auditoría.
- **Ejemplo**: Provenance utiliza blockchain para verificar y documentar cada paso en la cadena de suministro de productos de consumo.

Votación Electrónica

La votación electrónica es otra área donde el blockchain puede tener un impacto significativo al proporcionar un sistema seguro y transparente. A continuación, se presentan algunas de las ventajas y ejemplos de votación electrónica basada en blockchain:

1. **Seguridad y Transparencia**:
- **Beneficios**: El blockchain garantiza que los

votos no puedan ser alterados ni eliminados, proporcionando un registro transparente y verificable.

- **Ejemplo**: Voatz es una plataforma de votación electrónica basada en blockchain que se ha utilizado en elecciones y votaciones en varias jurisdicciones.

2. **Accesibilidad**:
- **Beneficios**: La votación electrónica basada en blockchain puede facilitar la participación de votantes remotos y asegurar la integridad del proceso electoral.
- **Ejemplo**: FollowMyVote utiliza blockchain para permitir a los ciudadanos votar de manera segura y transparente desde cualquier lugar del mundo.

3. **Reducción de Fraude**:
- **Beneficios**: El uso de blockchain puede reducir significativamente el riesgo de fraude electoral, asegurando que cada voto sea legítimo y contabilizado correctamente.
- **Ejemplo**: Democracy Earth utiliza blockchain para crear plataformas de votación seguras y transparentes, promoviendo la democracia digital.

Salud y Bienestar

El blockchain tiene el potencial de transformar el sector de la salud al mejorar la gestión de datos, la seguridad y la interoperabilidad. A continuación, se describen algunas aplicaciones en el sector de la salud:

1. **Registros Médicos Electrónicos (EHR)**:
- **Beneficios**: El blockchain permite la creación de registros médicos electrónicos seguros y

accesibles que pueden ser compartidos entre diferentes proveedores de salud.

- **Ejemplo**: Medicalchain utiliza blockchain para gestionar y compartir registros médicos, mejorando la eficiencia y la seguridad de los datos.

2. **Rastreo de Medicamentos**:

- **Beneficios**: La trazabilidad de medicamentos mediante blockchain puede reducir el fraude y asegurar la autenticidad de los productos farmacéuticos.
- **Ejemplo**: Chronicled utiliza blockchain para rastrear medicamentos a lo largo de la cadena de suministro, asegurando su autenticidad y reduciendo el riesgo de falsificación.

3. **Ensayos Clínicos**:

- **Beneficios**: El blockchain puede mejorar la transparencia y la integridad de los datos en los ensayos clínicos, asegurando que los resultados no sean manipulados.
- **Ejemplo**: FarmaTrust utiliza blockchain para gestionar y verificar los datos de ensayos clínicos, mejorando la confianza en los resultados.

Propiedad Intelectual y Derechos de Autor

El blockchain puede transformar la gestión de la propiedad intelectual y los derechos de autor al proporcionar un registro inmutable y transparente de la propiedad y las transacciones. A continuación, se presentan algunas aplicaciones en esta área:

1. **Registro de Derechos de Autor**:

- **Beneficios**: El blockchain permite registrar

derechos de autor de manera segura y transparente, asegurando la autenticidad y la inmutabilidad del registro.

- **Ejemplo**: Ascribe utiliza blockchain para registrar y gestionar derechos de autor de obras de arte digitales, asegurando la autenticidad y facilitando la transferencia de propiedad.

2. **Gestión de Regalías**:
- **Beneficios**: Los contratos inteligentes pueden automatizar la distribución de regalías, asegurando que los creadores reciban su justa compensación de manera oportuna.
- **Ejemplo**: Mycelia utiliza blockchain para gestionar y distribuir regalías a músicos y creadores de contenido, asegurando una compensación justa y transparente.

3. **Prevención de la Piratería**:
- **Beneficios**: El blockchain puede ayudar a prevenir la piratería al proporcionar un registro inmutable de la propiedad y las transacciones, facilitando la verificación de la autenticidad.
- **Ejemplo**: Custos Media Technologies utiliza blockchain para rastrear y verificar la distribución de contenido digital, reduciendo la piratería y protegiendo los derechos de autor.

Desafíos y Consideraciones

A pesar de sus muchas ventajas, el blockchain también enfrenta desafíos y limitaciones en su implementación y adopción. A continuación, se presentan algunos de los desafíos más comunes y consideraciones importantes:

1. **Escalabilidad**:
   - **Desafío**: La capacidad de procesar un gran volumen de transacciones puede ser limitada en algunas plataformas blockchain.
   - **Soluciones**: Implementación de soluciones de escalabilidad como cadenas laterales (sidechains) y rollups para mejorar la capacidad y eficiencia.

2. **Interoperabilidad**:
   - **Desafío**: La falta de interoperabilidad entre diferentes plataformas blockchain puede limitar su adopción y funcionalidad.
   - **Soluciones**: Desarrollo de protocolos de interoperabilidad como Polkadot y Cosmos para permitir la comunicación entre diferentes blockchains.

3. **Regulación y Cumplimiento**:
   - **Desafío**: Las regulaciones sobre el uso de blockchain y criptomonedas varían ampliamente entre jurisdicciones, creando incertidumbre legal.
   - **Soluciones**: Colaboración con autoridades reguladoras para desarrollar marcos legales claros y promover la adopción de buenas prácticas.

4. **Seguridad y Privacidad**:
   - **Desafío**: Aunque el blockchain es seguro, aún enfrenta riesgos de seguridad y desafíos relacionados con la privacidad de los datos.
   - **Soluciones**: Adopción de mejores prácticas de seguridad, auditorías regulares y el uso de tecnologías de mejora de la privacidad como las pruebas de conocimiento cero (ZKP).

Futuro de las Aplicaciones

de Blockchain

El futuro de las aplicaciones de blockchain es prometedor, con un potencial ilimitado para transformar diversas industrias. Algunas tendencias y desarrollos futuros incluyen:

1. **Mayor Adopción Empresarial**: A medida que las empresas se familiaricen más con el blockchain, es probable que veamos una adopción más amplia en sectores como la logística, la energía y el comercio internacional.
2. **Innovaciones Tecnológicas**: El desarrollo continuo de tecnologías emergentes como la inteligencia artificial y el Internet de las Cosas (IoT) puede integrarse con blockchain para crear aplicaciones aún más avanzadas.
3. **Descentralización y Democratización**: El blockchain tiene el potencial de democratizar el acceso a servicios financieros, derechos de propiedad y otros recursos, promoviendo una mayor inclusión social y económica.

Conclusión

Las aplicaciones de blockchain están transformando una amplia gama de industrias al proporcionar transparencia, seguridad y eficiencia. Desde las finanzas hasta la salud y la gestión de la cadena de suministro, el blockchain ofrece soluciones innovadoras a desafíos antiguos y nuevos. A medida que la tecnología continúa evolucionando, es probable que veamos una adopción aún más amplia y una mayor integración en nuestra vida cotidiana.

En los próximos capítulos, exploraremos más a fondo las aplicaciones específicas del blockchain y cómo esta tecnología está transformando diversos sectores. ¡Sigamos adelante para descubrir más sobre el apasionante mundo del blockchain!

CAPÍTULO 11:
BLOCKCHAIN EN
LAS FINANZAS

Introducción

El sector financiero ha sido uno de los primeros en adoptar la tecnología blockchain debido a sus necesidades críticas de seguridad, transparencia y eficiencia. La capacidad del blockchain para registrar transacciones de manera inmutable y sin intermediarios está transformando la forma en que se manejan las finanzas. En este capítulo, exploraremos cómo el blockchain está revolucionando las finanzas, desde las criptomonedas hasta las transacciones bancarias, los contratos financieros y los seguros.

Criptomonedas y Pagos Digitales

Las criptomonedas fueron la primera aplicación del blockchain y siguen siendo una de las más prominentes. Bitcoin, la primera y más conocida criptomoneda, demostró que era posible crear un sistema de pago digital descentralizado. A continuación, se describen algunas de las formas en que las criptomonedas y los pagos digitales están utilizando el blockchain:

1. **Bitcoin y otras Criptomonedas**:
   - **Funcionamiento**: Las transacciones se registran en un blockchain público, donde se verifican y se añaden a bloques. Los mineros aseguran la red resolviendo problemas criptográficos complejos.
   - **Beneficios**: Reducción de costos de transacción, mayor privacidad y la eliminación de intermediarios como los bancos.

2. **Pagos Internacionales**:
   - **Beneficios**: Las transferencias de dinero transfronterizas pueden ser lentas y costosas debido a la participación de múltiples intermediarios. El blockchain permite transferencias rápidas y de bajo costo.
   - **Ejemplo**: Ripple utiliza la tecnología blockchain para facilitar transferencias internacionales casi instantáneas y con tarifas mínimas.

3. **Stablecoins**:
   - **Definición**: Las stablecoins son criptomonedas cuyo valor está vinculado a un activo estable, como una moneda fiduciaria (por ejemplo, USD) o una canasta de activos.
   - **Beneficios**: Ofrecen la estabilidad de las monedas tradicionales con los beneficios de las criptomonedas, como transacciones rápidas y bajo costo.
   - **Ejemplo**: Tether (USDT) y USD Coin (USDC) son ejemplos de stablecoins ampliamente utilizadas.

Bancos y Blockchain

Los bancos y otras instituciones financieras están explorando el uso del blockchain para mejorar la eficiencia operativa, reducir costos y ofrecer nuevos servicios a sus clientes. A continuación, se presentan algunas de las aplicaciones más destacadas:

1. **Liquidación y Compensación de Transacciones**:
   - **Problema Actual**: Los sistemas tradicionales de liquidación y compensación pueden ser lentos y costosos, a menudo requiriendo varios días para completar una transacción.
   - **Solución Blockchain**: La tecnología blockchain permite la liquidación casi instantánea de transacciones, reduciendo el riesgo y los costos.
   - **Ejemplo**: DTCC (Depository Trust & Clearing Corporation) está explorando el uso del blockchain para mejorar la eficiencia de sus procesos de liquidación y compensación.

2. **Conozca a su Cliente (KYC) y Antilavado de Dinero (AML)**:
   - **Problema Actual**: Los procesos KYC y AML son costosos y redundantes, ya que cada institución financiera debe realizar sus propias verificaciones.
   - **Solución Blockchain**: El blockchain puede proporcionar una base de datos segura y compartida para la información KYC y AML, reduciendo la duplicación de esfuerzos y mejorando la eficiencia.
   - **Ejemplo**: El consorcio de bancos suizos, conocido como Swisscom Blockchain, está desarrollando soluciones KYC basadas en blockchain.

3. **Préstamos y Créditos**:
   - **Problema Actual**: La adjudicación de

préstamos y créditos puede ser lenta y opaca, con riesgos de fraude y problemas de transparencia.

- **Solución Blockchain**: Los contratos inteligentes pueden automatizar y transparentar los procesos de préstamos y créditos, reduciendo el riesgo de fraude.
- **Ejemplo**: Dharma y Aave son plataformas de préstamos descentralizados que utilizan contratos inteligentes para gestionar préstamos y créditos.

Fintech y Nuevos Modelos de Negocios

Las empresas fintech están liderando la innovación en el sector financiero mediante el uso del blockchain para crear nuevos modelos de negocios y servicios. A continuación, se presentan algunas áreas clave donde las fintech están utilizando blockchain:

1. **Plataformas de Préstamos P2P**:
   - **Definición**: Las plataformas de préstamos P2P permiten a los individuos prestar y pedir prestado dinero directamente entre ellos, eliminando la necesidad de intermediarios.
   - **Beneficios**: Reducción de costos y tasas de interés más competitivas.
   - **Ejemplo**: SALT Lending utiliza blockchain para permitir préstamos garantizados por criptomonedas.

2. **Inversiones y Tokenización de Activos**:
   - **Definición**: La tokenización es el proceso de emitir un token blockchain que representa un activo real, como bienes raíces, acciones o arte.
   - **Beneficios**: Mayor liquidez, transparencia y

accesibilidad para los inversores.

- **Ejemplo**: Polymath es una plataforma que facilita la creación y el comercio de tokens de seguridad.

3. **Pagos y Remesas**:

- **Definición**: Las soluciones de pagos y remesas basadas en blockchain permiten transferencias de dinero rápidas y de bajo costo.
- **Beneficios**: Reducción de tarifas y tiempos de procesamiento.
- **Ejemplo**: BitPesa utiliza blockchain para facilitar remesas entre África y el resto del mundo.

Seguros y Blockchain

El sector de los seguros también está explorando el uso del blockchain para mejorar la transparencia, reducir el fraude y automatizar los procesos. A continuación, se presentan algunas aplicaciones clave:

1. **Contratos de Seguros Inteligentes**:

- **Definición**: Los contratos inteligentes pueden automatizar el proceso de emisión y reclamo de seguros, basándose en condiciones predefinidas.
- **Beneficios**: Reducción del tiempo y los costos asociados con la gestión de pólizas y reclamos.
- **Ejemplo**: Etherisc es una plataforma de seguros descentralizada que utiliza contratos inteligentes para automatizar pólizas y reclamos.

2. **Prevención de Fraude**:

- **Problema Actual**: El fraude en los seguros es un problema costoso y difícil de detectar.

- **Solución Blockchain**: El blockchain proporciona un registro inmutable de todas las transacciones y reclamos, lo que facilita la detección de actividades fraudulentas.
- **Ejemplo**: B3i (Blockchain Insurance Industry Initiative) está desarrollando soluciones basadas en blockchain para mejorar la eficiencia y reducir el fraude en la industria de seguros.

3. **Microseguros:**
- **Definición**: Los microseguros son pólizas de seguros de bajo costo diseñadas para personas de bajos ingresos que no pueden permitirse seguros tradicionales.
- **Beneficios**: Mayor accesibilidad y cobertura para poblaciones desatendidas.
- **Ejemplo**: InsureChain utiliza blockchain para ofrecer microseguros asequibles y accesibles a través de contratos inteligentes.

Desafíos y Limitaciones en las Finanzas

A pesar de sus muchas ventajas, la adopción del blockchain en el sector financiero enfrenta varios desafíos y limitaciones. A continuación, se presentan algunos de los desafíos más comunes y consideraciones importantes:

1. **Regulación y Cumplimiento:**
- **Desafío**: La regulación de las criptomonedas y las tecnologías blockchain varía ampliamente entre jurisdicciones, lo que crea incertidumbre y barreras para la adopción.
- **Soluciones**: Colaboración con reguladores para desarrollar marcos legales claros y promover la adopción de mejores prácticas.

2. **Seguridad y Privacidad**:
- **Desafío**: Aunque el blockchain es seguro, aún enfrenta riesgos de seguridad y desafíos relacionados con la privacidad de los datos.
- **Soluciones**: Adopción de mejores prácticas de seguridad, auditorías regulares y el uso de tecnologías de mejora de la privacidad como las pruebas de conocimiento cero (ZKP).

3. **Escalabilidad**:
- **Desafío**: La capacidad de procesar un gran volumen de transacciones puede ser limitada en algunas plataformas blockchain.
- **Soluciones**: Implementación de soluciones de escalabilidad como cadenas laterales (sidechains) y rollups para mejorar la capacidad y eficiencia.

4. **Interoperabilidad**:
- **Desafío**: La falta de interoperabilidad entre diferentes plataformas blockchain puede limitar su adopción y funcionalidad.
- **Soluciones**: Desarrollo de protocolos de interoperabilidad como Polkadot y Cosmos para permitir la comunicación entre diferentes blockchains.

Futuro de Blockchain en las Finanzas

El futuro de blockchain en las finanzas es prometedor y está lleno de oportunidades para la innovación y la mejora de los servicios financieros. Algunas tendencias y desarrollos futuros incluyen:

1. **Mayor Adopción Empresarial**: A medida que las empresas se familiaricen más con el blockchain, es

probable que veamos una adopción más amplia en el sector financiero, con soluciones integradas que mejoren la eficiencia y reduzcan costos.

2. **Descentralización y Democratización**: El blockchain tiene el potencial de democratizar el acceso a servicios financieros, promoviendo una mayor inclusión financiera y económica.

3. **Innovaciones Tecnológicas**: El desarrollo continuo de tecnologías emergentes como la inteligencia artificial y el Internet de las Cosas (IoT) puede integrarse con blockchain para crear aplicaciones aún más avanzadas y seguras.

4. **Nuevos Modelos de Negocios**: Las fintech y las startups continuarán innovando y desarrollando nuevos modelos de negocios que aprovechen las ventajas del blockchain, creando una industria financiera más dinámica y competitiva.

Conclusión

El blockchain está transformando el sector financiero al proporcionar soluciones innovadoras para la gestión de transacciones, la liquidación y compensación, los préstamos y créditos, y los seguros. A pesar de los desafíos y limitaciones, el futuro del blockchain en las finanzas es prometedor, con un potencial ilimitado para mejorar la eficiencia, la transparencia y la accesibilidad de los servicios financieros.

En los próximos capítulos, continuaremos explorando más aplicaciones del blockchain y cómo esta tecnología está transformando diversas industrias. ¡Sigamos adelante para descubrir más sobre el apasionante mundo del blockchain!

CAPÍTULO 12: BLOCKCHAIN Y LA INDUSTRIA DE LA SALUD

Introducción

La industria de la salud enfrenta desafíos significativos en la gestión de datos, la interoperabilidad de los sistemas y la privacidad de los pacientes. El blockchain tiene el potencial de abordar estos problemas al proporcionar una plataforma segura y transparente para el intercambio y la gestión de datos. En este capítulo, exploraremos cómo el blockchain está transformando la industria de la salud, incluyendo la gestión de registros médicos, la trazabilidad de medicamentos, los ensayos clínicos y la telemedicina.

Gestión de Datos Médicos

Una de las aplicaciones más prometedoras del blockchain en la salud es la gestión de datos médicos. Los registros médicos electrónicos (EHR) son esenciales para la atención de la salud, pero su gestión presenta numerosos desafíos relacionados con la seguridad, la privacidad y la interoperabilidad. El blockchain puede ofrecer soluciones efectivas a estos problemas.

1. **Registros Médicos Electrónicos (EHR):**
   - **Beneficios:** El blockchain permite la creación de registros médicos electrónicos seguros, inmutables y accesibles desde cualquier lugar. Los pacientes pueden controlar el acceso a sus datos, lo que mejora la privacidad y la seguridad.
   - **Ejemplo:** Medicalchain utiliza blockchain para gestionar y compartir registros médicos, permitiendo a los pacientes y proveedores de salud acceder a la información de manera segura y eficiente.

2. **Interoperabilidad:**
   - **Beneficios:** El blockchain facilita la interoperabilidad entre diferentes sistemas de salud, permitiendo un intercambio de datos fluido y seguro entre hospitales, clínicas y otros proveedores de salud.
   - **Ejemplo:** Healthereum utiliza blockchain para mejorar la interoperabilidad y la eficiencia en la gestión de datos de salud.

3. **Privacidad y Seguridad:**
   - **Beneficios:** La tecnología blockchain protege los datos de salud mediante criptografía avanzada, garantizando que solo los usuarios autorizados puedan acceder a la información sensible.
   - **Ejemplo:** Patientory utiliza blockchain para asegurar los datos de salud y permitir a los pacientes controlar el acceso a su información.

Trazabilidad de Medicamentos

La trazabilidad de medicamentos es crucial para garantizar la seguridad y la eficacia de los productos farmacéuticos. El blockchain ofrece una solución robusta para rastrear medicamentos desde la producción hasta el consumo, reduciendo el riesgo de falsificación y garantizando la integridad del suministro.

1. **Rastreo de Medicamentos**:
   - **Beneficios**: El blockchain proporciona un registro inmutable de cada paso en la cadena de suministro de medicamentos, desde la fabricación hasta la distribución y la dispensación.
   - **Ejemplo**: Chronicled utiliza blockchain para rastrear medicamentos, asegurando su autenticidad y reduciendo el riesgo de productos falsificados.

2. **Reducción del Fraude**:
   - **Beneficios**: La transparencia y la inmutabilidad del blockchain ayudan a prevenir el fraude en la cadena de suministro de medicamentos, asegurando que los productos sean genuinos y seguros para los pacientes.
   - **Ejemplo**: MediLedger utiliza blockchain para combatir el fraude en la cadena de suministro de medicamentos y garantizar la integridad del suministro.

3. **Seguridad del Paciente**:
   - **Beneficios**: Al asegurar la autenticidad y la trazabilidad de los medicamentos, el blockchain mejora la seguridad del paciente y reduce el riesgo de reacciones adversas a medicamentos falsificados.
   - **Ejemplo**: Blockverify utiliza blockchain para verificar la autenticidad de los medicamentos

y otros productos de salud.

Ensayos Clínicos

Los ensayos clínicos son fundamentales para el desarrollo de nuevos tratamientos y medicamentos, pero enfrentan desafíos relacionados con la integridad de los datos y la transparencia. El blockchain puede mejorar la gestión de ensayos clínicos al garantizar la seguridad y la transparencia de los datos.

1. **Gestión de Datos de Ensayos Clínicos**:
   - **Beneficios**: El blockchain proporciona un registro inmutable de los datos de ensayos clínicos, asegurando que los resultados no puedan ser manipulados y mejorando la confianza en los resultados.
   - **Ejemplo**: FarmaTrust utiliza blockchain para gestionar y verificar los datos de ensayos clínicos, mejorando la transparencia y la integridad de los datos.

2. **Transparencia y Confianza**:
   - **Beneficios**: La transparencia del blockchain permite a los participantes de los ensayos y a los reguladores acceder a los datos en tiempo real, aumentando la confianza en los procesos y los resultados.
   - **Ejemplo**: ClinTex utiliza blockchain para mejorar la transparencia y la eficiencia en la gestión de ensayos clínicos.

3. **Consentimiento Informado**:
   - **Beneficios**: El blockchain puede gestionar y verificar el consentimiento informado de los participantes en ensayos clínicos, asegurando que los participantes estén plenamente informados y protegidos.
   - **Ejemplo**: EncrypGen utiliza blockchain para

gestionar el consentimiento informado y la privacidad de los datos genéticos en ensayos clínicos.

Telemedicina y Atención Remota

La telemedicina y la atención remota están ganando popularidad, especialmente en la era post-COVID-19. El blockchain puede mejorar la seguridad y la eficiencia de estos servicios, asegurando que los datos de los pacientes sean seguros y accesibles.

1. **Seguridad de los Datos del Paciente**:
   - **Beneficios**: El blockchain asegura que los datos de los pacientes sean seguros y solo accesibles por los profesionales autorizados, protegiendo la privacidad del paciente.
   - **Ejemplo**: Doc.com utiliza blockchain para asegurar los datos de los pacientes y proporcionar servicios de telemedicina seguros y confiables.

2. **Eficiencia en la Atención**:
   - **Beneficios**: La automatización de los procesos mediante contratos inteligentes puede mejorar la eficiencia de la atención remota, asegurando que los pacientes reciban atención oportuna y adecuada.
   - **Ejemplo**: Solve.Care utiliza blockchain para automatizar los procesos de atención médica y mejorar la eficiencia en la atención remota.

3. **Gestión de la Identidad del Paciente**:
   - **Beneficios**: El blockchain permite una gestión segura y eficiente de la identidad del paciente, asegurando que los datos sean precisos y actualizados.
   - **Ejemplo**: Civic utiliza blockchain para

gestionar la identidad digital de los pacientes, mejorando la seguridad y la eficiencia en la telemedicina.

Desafíos y Consideraciones en la Salud

A pesar de sus muchos beneficios, la adopción del blockchain en la industria de la salud enfrenta varios desafíos y limitaciones. A continuación, se presentan algunos de los desafíos más comunes y consideraciones importantes:

1. **Regulación y Cumplimiento**:
   - **Desafío**: La regulación de los datos de salud y el cumplimiento de las normativas de privacidad, como HIPAA en los Estados Unidos, son complejos y varían entre jurisdicciones.
   - **Soluciones**: Colaboración con reguladores y el desarrollo de marcos legales claros que aseguren el cumplimiento de las normativas de privacidad y seguridad.

2. **Interoperabilidad**:
   - **Desafío**: La interoperabilidad entre diferentes sistemas de salud es crucial para el intercambio de datos, pero puede ser difícil de lograr.
   - **Soluciones**: Desarrollo de estándares de interoperabilidad y colaboración entre proveedores de tecnología y sistemas de salud para asegurar un intercambio de datos fluido y seguro.

3. **Seguridad y Privacidad**:
   - **Desafío**: Aunque el blockchain es seguro, aún enfrenta riesgos de seguridad y desafíos

relacionados con la privacidad de los datos de salud.

- **Soluciones**: Adopción de mejores prácticas de seguridad, auditorías regulares y el uso de tecnologías de mejora de la privacidad como las pruebas de conocimiento cero (ZKP).

4. **Adopción y Escalabilidad**:
   - **Desafío**: La adopción del blockchain en la salud puede ser lenta debido a la resistencia al cambio y los problemas de escalabilidad.
   - **Soluciones**: Educación y capacitación para los profesionales de la salud sobre los beneficios del blockchain y el desarrollo de soluciones escalables que puedan manejar grandes volúmenes de datos.

Futuro de Blockchain en la Salud

El futuro del blockchain en la industria de la salud es prometedor y está lleno de oportunidades para la innovación y la mejora de los servicios de salud. Algunas tendencias y desarrollos futuros incluyen:

1. **Mayor Adopción Empresarial**: A medida que las organizaciones de salud se familiaricen más con el blockchain, es probable que veamos una adopción más amplia de soluciones basadas en blockchain en todo el sector.
2. **Descentralización y Democratización**: El blockchain tiene el potencial de democratizar el acceso a servicios de salud, promoviendo una mayor inclusión y equidad en la atención médica.
3. **Innovaciones Tecnológicas**: El desarrollo continuo de tecnologías emergentes como la inteligencia artificial y el Internet de las Cosas (IoT) puede integrarse con blockchain para crear aplicaciones aún más avanzadas

y seguras.

4. **Nuevos Modelos de Negocios**: Las startups y las empresas tecnológicas continuarán innovando y desarrollando nuevos modelos de negocios que aprovechen las ventajas del blockchain, creando una industria de la salud más dinámica y competitiva.

Conclusión

El blockchain está transformando la industria de la salud al proporcionar soluciones innovadoras para la gestión de datos médicos, la trazabilidad de medicamentos, los ensayos clínicos y la telemedicina. A pesar de los desafíos y limitaciones, el futuro del blockchain en la salud es prometedor, con un potencial ilimitado para mejorar la eficiencia, la transparencia y la seguridad de los servicios de salud.

En los próximos capítulos, continuaremos explorando más aplicaciones del blockchain y cómo esta tecnología está transformando diversas industrias. ¡Sigamos adelante para descubrir más sobre el apasionante mundo del blockchain!

CAPÍTULO 13: BLOCKCHAIN EN LA CADENA DE SUMINISTRO

Introducción

L a cadena de suministro global es una red compleja de procesos y transacciones que conectan a productores, proveedores, distribuidores y consumidores. Esta red enfrenta numerosos desafíos, incluidos problemas de transparencia, eficiencia y fraude. El blockchain tiene el potencial de transformar la cadena de suministro al proporcionar un registro inmutable y transparente de cada etapa del proceso. En este capítulo, exploraremos cómo el blockchain está revolucionando la gestión de la cadena de suministro, sus aplicaciones prácticas y los desafíos que enfrenta.

Desafíos Actuales en la Cadena de Suministro

Antes de profundizar en cómo el blockchain puede resolver problemas en la cadena de suministro, es importante comprender los desafíos actuales que enfrenta esta industria:

1. **Falta de Transparencia**: La opacidad en la cadena de suministro puede llevar a problemas como la falsificación, el robo y la falta de cumplimiento de las regulaciones.
2. **Eficiencia Operativa**: Los procesos manuales y el papeleo ralentizan las operaciones y aumentan los costos.
3. **Riesgo de Fraude**: La falsificación y la manipulación de registros son problemas comunes en la cadena de suministro global.
4. **Gestión de Inventarios**: La falta de visibilidad en tiempo real puede resultar en exceso de inventario o escasez de productos.

Aplicaciones del Blockchain en la Cadena de Suministro

El blockchain puede abordar estos desafíos al proporcionar un registro seguro y transparente de todas las transacciones y movimientos de productos a lo largo de la cadena de suministro. A continuación, se presentan algunas aplicaciones clave:

1. **Trazabilidad de Productos**:
   - **Beneficios**: El blockchain permite rastrear cada paso en el ciclo de vida de un producto, desde la producción hasta el consumo, garantizando la autenticidad y reduciendo el fraude.
   - **Ejemplo**: IBM Food Trust utiliza blockchain para rastrear alimentos desde el productor hasta el consumidor, mejorando la seguridad alimentaria y reduciendo el desperdicio.
2. **Gestión de Inventarios**:

- **Beneficios**: La automatización de la gestión de inventarios mediante contratos inteligentes puede mejorar la eficiencia operativa y reducir errores.
- **Ejemplo**: VeChain utiliza blockchain para gestionar y rastrear inventarios en tiempo real, mejorando la eficiencia de la cadena de suministro.

3. **Verificación de Origen y Autenticidad**:
   - **Beneficios**: El blockchain proporciona un registro inmutable del origen y la autenticidad de los productos, lo que es crucial para industrias como la alimentaria, farmacéutica y de lujo.
   - **Ejemplo**: Everledger utiliza blockchain para rastrear el origen de diamantes y otras piedras preciosas, asegurando su autenticidad y reduciendo el comercio de bienes robados o falsificados.

4. **Contratos Inteligentes para Pagos y Liquidaciones**:
   - **Beneficios**: Los contratos inteligentes pueden automatizar pagos y liquidaciones, reduciendo retrasos y errores en las transacciones.
   - **Ejemplo**: SmartLog utiliza blockchain para automatizar contratos y pagos en la industria logística, mejorando la eficiencia y reduciendo costos.

Beneficios del Blockchain en la Cadena de Suministro

La implementación del blockchain en la cadena de suministro ofrece numerosos beneficios que pueden transformar la industria:

1. **Transparencia y Visibilidad**: El blockchain proporciona una visibilidad completa de todas las transacciones y movimientos de productos, mejorando la transparencia y permitiendo una auditoría fácil y precisa.
2. **Reducción del Fraude y la Falsificación**: La inmutabilidad del blockchain asegura que los registros no puedan ser manipulados, reduciendo el riesgo de fraude y falsificación.
3. **Eficiencia Operativa**: La automatización de procesos mediante contratos inteligentes reduce el papeleo y los errores manuales, mejorando la eficiencia operativa.
4. **Seguridad y Confiabilidad**: La seguridad criptográfica del blockchain protege los datos de la cadena de suministro contra accesos no autorizados y ciberataques.

Casos de Estudio

A continuación, se presentan algunos casos de estudio que ilustran cómo el blockchain está siendo utilizado en la cadena de suministro:

1. **Walmart y la Seguridad Alimentaria**:
   - **Problema**: Walmart enfrentaba desafíos para rastrear el origen de los productos alimenticios y garantizar su seguridad.
   - **Solución**: Implementaron IBM Food Trust, una plataforma blockchain que rastrea alimentos desde la granja hasta la tienda. Esto permitió reducir el tiempo de rastreo de productos de días a segundos.
   - **Resultados**: Mejora significativa en la seguridad alimentaria y la capacidad de respuesta ante problemas de contaminación.
2. **Maersk y la Eficiencia Logística**:

- **Problema**: Maersk, una de las mayores compañías de transporte marítimo, enfrentaba problemas de ineficiencia y costos altos debido a los procesos manuales y el papeleo.
- **Solución**: Colaboraron con IBM para crear TradeLens, una plataforma blockchain que digitaliza y automatiza la documentación y los procesos logísticos.
- **Resultados**: Reducción significativa en los costos y el tiempo de procesamiento, mejorando la eficiencia operativa.

3. **De Beers y la Trazabilidad de Diamantes**:
- **Problema**: De Beers necesitaba asegurar la autenticidad y el origen ético de los diamantes que comercializan.
- **Solución**: Implementaron Tracr, una plataforma blockchain que rastrea cada diamante desde la mina hasta el minorista.
- **Resultados**: Aumento de la confianza del consumidor y reducción del comercio de diamantes falsificados o de origen conflictivo.

Desafíos en la Implementación del Blockchain en la Cadena de Suministro

Aunque el blockchain ofrece numerosos beneficios, su implementación en la cadena de suministro enfrenta varios desafíos:

1. **Escalabilidad**:
- **Desafío**: Manejar grandes volúmenes de datos y transacciones puede ser difícil en una plataforma blockchain.

- **Soluciones**: Implementación de soluciones de escalabilidad como cadenas laterales (sidechains) y fragmentación (sharding).

2. **Interoperabilidad**:
   - **Desafío**: La falta de interoperabilidad entre diferentes plataformas y sistemas puede limitar la adopción del blockchain.
   - **Soluciones**: Desarrollo de estándares de interoperabilidad y colaboración entre diferentes proveedores de tecnología.

3. **Adopción y Resistencia al Cambio**:
   - **Desafío**: Las empresas pueden ser reacias a adoptar nuevas tecnologías debido a los costos iniciales y la resistencia al cambio.
   - **Soluciones**: Educación y capacitación sobre los beneficios del blockchain y el desarrollo de soluciones escalables y rentables.

4. **Regulación y Cumplimiento**:
   - **Desafío**: Las regulaciones sobre el uso del blockchain y la privacidad de los datos varían entre jurisdicciones.
   - **Soluciones**: Colaboración con reguladores para desarrollar marcos legales claros y asegurar el cumplimiento de las normativas de privacidad y seguridad.

Futuro del Blockchain en la Cadena de Suministro

El futuro del blockchain en la cadena de suministro es prometedor y está lleno de oportunidades para la innovación y la mejora de los procesos. Algunas tendencias y desarrollos futuros incluyen:

1. **Mayor Adopción Empresarial**: A medida que las

empresas se familiaricen más con el blockchain, es probable que veamos una adopción más amplia en la gestión de la cadena de suministro.

2. **Innovaciones Tecnológicas**: El desarrollo continuo de tecnologías emergentes como la inteligencia artificial y el Internet de las Cosas (IoT) puede integrarse con blockchain para crear soluciones más avanzadas y eficientes.

3. **Descentralización y Democratización**: El blockchain tiene el potencial de democratizar el acceso a la información y los recursos en la cadena de suministro, promoviendo una mayor inclusión y equidad.

4. **Nuevos Modelos de Negocios**: Las startups y las empresas tecnológicas continuarán innovando y desarrollando nuevos modelos de negocios que aprovechen las ventajas del blockchain, creando una cadena de suministro más dinámica y competitiva.

Conclusión

El blockchain está transformando la cadena de suministro al proporcionar soluciones innovadoras para la trazabilidad de productos, la gestión de inventarios, la verificación de origen y la automatización de pagos. A pesar de los desafíos y limitaciones, el futuro del blockchain en la cadena de suministro es prometedor, con un potencial ilimitado para mejorar la transparencia, la eficiencia y la seguridad de los procesos.

En los próximos capítulos, continuaremos explorando más aplicaciones del blockchain y cómo esta tecnología está transformando diversas industrias. ¡Sigamos adelante para descubrir más sobre el apasionante mundo del blockchain!

CAPÍTULO 14: BLOCKCHAIN EN EL COMERCIO Y EL MERCADO

Introducción

El comercio y el mercado global están en constante evolución, enfrentando desafíos como la transparencia, la seguridad y la eficiencia. El blockchain tiene el potencial de transformar el comercio global al proporcionar un sistema seguro, transparente y eficiente para las transacciones y la gestión de datos. En este capítulo, exploraremos cómo el blockchain está revolucionando el comercio y el mercado, sus aplicaciones prácticas y los desafíos que enfrenta.

Comercio Electrónico y Blockchain

El comercio electrónico ha crecido exponencialmente en las últimas décadas, y el blockchain puede llevarlo a un nuevo nivel de eficiencia y seguridad. A continuación, se describen algunas aplicaciones del blockchain en el comercio electrónico:

1. **Pagos Digitales**:
    - **Beneficios**: El blockchain permite pagos seguros y rápidos sin intermediarios, reduciendo las tarifas y el tiempo de procesamiento.
    - **Ejemplo**: BitPay es una plataforma de pagos que permite a los comerciantes aceptar criptomonedas como Bitcoin y Ethereum.

2. **Protección contra el Fraude**:
    - **Beneficios**: La inmutabilidad del blockchain asegura que las transacciones no puedan ser alteradas, reduciendo el riesgo de fraude.
    - **Ejemplo**: UTRUST utiliza blockchain para proteger a los compradores y vendedores contra el fraude en el comercio electrónico.

3. **Gestión de Inventarios**:
    - **Beneficios**: La gestión automatizada de inventarios mediante contratos inteligentes puede mejorar la eficiencia y reducir errores.
    - **Ejemplo**: VeChain utiliza blockchain para rastrear y gestionar inventarios en tiempo real, mejorando la eficiencia operativa.

Comercio Internacional y Blockchain

El comercio internacional enfrenta desafíos únicos relacionados con la documentación, la logística y la regulación. El blockchain puede proporcionar soluciones efectivas para estos problemas:

1. **Documentación y Contratos Inteligentes**:
    - **Beneficios**: Los contratos inteligentes pueden automatizar la creación y el cumplimiento de contratos comerciales, reduciendo los errores y los costos administrativos.

- **Ejemplo**: TradeLens, desarrollado por IBM y Maersk, utiliza blockchain para digitalizar y automatizar la documentación en el comercio internacional.

2. **Rastreo y Trazabilidad de Productos**:
   - **Beneficios**: El blockchain proporciona un registro inmutable del recorrido de los productos, desde la producción hasta la entrega, mejorando la transparencia y la seguridad.
   - **Ejemplo**: Provenance utiliza blockchain para rastrear la cadena de suministro de productos alimenticios, asegurando la autenticidad y la calidad.

3. **Cumplimiento Normativo**:
   - **Beneficios**: El blockchain facilita el cumplimiento de las normativas internacionales al proporcionar un registro transparente y verificable de todas las transacciones.
   - **Ejemplo**: Everledger utiliza blockchain para asegurar el cumplimiento normativo en la industria del diamante, garantizando la procedencia y la autenticidad de las gemas.

Mercados Financieros y Blockchain

El blockchain también está transformando los mercados financieros al proporcionar nuevas formas de emitir, negociar y gestionar activos. A continuación, se presentan algunas aplicaciones clave:

1. **Emisión y Comercio de Valores**:
   - **Beneficios**: La tokenización de activos permite la emisión y el comercio de valores en una plataforma blockchain, mejorando la

eficiencia y reduciendo los costos.

- **Ejemplo**: Polymath facilita la creación y el comercio de tokens de seguridad, permitiendo a las empresas emitir valores en blockchain.

2. **Plataformas de Intercambio Descentralizado (DEX)**:
   - **Beneficios**: Los DEX permiten el comercio de activos sin intermediarios, mejorando la seguridad y reduciendo las tarifas.
   - **Ejemplo**: Uniswap es un DEX que permite el intercambio de tokens ERC-20 en la plataforma Ethereum de manera descentralizada.

3. **Derivados y Contratos Financieros**:
   - **Beneficios**: Los contratos inteligentes pueden automatizar la ejecución de contratos financieros y derivados, mejorando la transparencia y reduciendo el riesgo de incumplimiento.
   - **Ejemplo**: Synthetix es una plataforma de derivados financieros descentralizada que permite la creación y el comercio de activos sintéticos.

Beneficios del Blockchain en el Comercio y el Mercado

La implementación del blockchain en el comercio y el mercado ofrece numerosos beneficios que pueden transformar la industria:

1. **Transparencia y Visibilidad**: El blockchain proporciona una visibilidad completa de todas las transacciones y movimientos de productos, mejorando la transparencia y permitiendo una auditoría fácil y precisa.
2. **Reducción del Fraude y la Falsificación**: La

inmutabilidad del blockchain asegura que los registros no puedan ser manipulados, reduciendo el riesgo de fraude y falsificación.

3. **Eficiencia Operativa**: La automatización de procesos mediante contratos inteligentes reduce el papeleo y los errores manuales, mejorando la eficiencia operativa.

4. **Seguridad y Confiabilidad**: La seguridad criptográfica del blockchain protege los datos contra accesos no autorizados y ciberataques.

Casos de Estudio

A continuación, se presentan algunos casos de estudio que ilustran cómo el blockchain está siendo utilizado en el comercio y el mercado:

1. **Alibaba y la Lucha contra la Falsificación**:
   - **Problema**: Alibaba enfrentaba desafíos significativos relacionados con la falsificación de productos en su plataforma.
   - **Solución**: Implementaron una solución blockchain para rastrear la autenticidad de los productos desde la producción hasta la entrega.
   - **Resultados**: Reducción significativa en la falsificación de productos y aumento de la confianza del consumidor.

2. **Mercado Libre y los Pagos Digitales**:
   - **Problema**: Mercado Libre necesitaba una solución para facilitar pagos digitales seguros y rápidos en su plataforma de comercio electrónico.
   - **Solución**: Implementaron una solución de pagos basada en blockchain para mejorar la seguridad y la eficiencia de las transacciones.
   - **Resultados**: Mejora significativa en la

seguridad de los pagos y reducción en el tiempo de procesamiento.

3. **Nestlé y la Trazabilidad de Alimentos**:
- **Problema**: Nestlé enfrentaba desafíos para asegurar la trazabilidad y la autenticidad de sus productos alimenticios.
- **Solución**: Implementaron IBM Food Trust para rastrear la cadena de suministro de alimentos, asegurando la autenticidad y la calidad.
- **Resultados**: Mejora en la transparencia y la confianza del consumidor, y reducción en los tiempos de respuesta ante problemas de seguridad alimentaria.

Desafíos en la Implementación del Blockchain en el Comercio y el Mercado

Aunque el blockchain ofrece numerosos beneficios, su implementación en el comercio y el mercado enfrenta varios desafíos:

1. **Escalabilidad**:
- **Desafío**: Manejar grandes volúmenes de datos y transacciones puede ser difícil en una plataforma blockchain.
- **Soluciones**: Implementación de soluciones de escalabilidad como cadenas laterales (sidechains) y fragmentación (sharding).

2. **Interoperabilidad**:
- **Desafío**: La falta de interoperabilidad entre diferentes plataformas y sistemas puede limitar la adopción del blockchain.
- **Soluciones**: Desarrollo de estándares de interoperabilidad y colaboración entre

diferentes proveedores de tecnología.

3. **Adopción y Resistencia al Cambio**:
   - **Desafío**: Las empresas pueden ser reacias a adoptar nuevas tecnologías debido a los costos iniciales y la resistencia al cambio.
   - **Soluciones**: Educación y capacitación sobre los beneficios del blockchain y el desarrollo de soluciones escalables y rentables.

4. **Regulación y Cumplimiento**:
   - **Desafío**: Las regulaciones sobre el uso del blockchain y la privacidad de los datos varían entre jurisdicciones.
   - **Soluciones**: Colaboración con reguladores para desarrollar marcos legales claros y asegurar el cumplimiento de las normativas de privacidad y seguridad.

Futuro del Blockchain en el Comercio y el Mercado

El futuro del blockchain en el comercio y el mercado es prometedor y está lleno de oportunidades para la innovación y la mejora de los procesos. Algunas tendencias y desarrollos futuros incluyen:

1. **Mayor Adopción Empresarial**: A medida que las empresas se familiaricen más con el blockchain, es probable que veamos una adopción más amplia en la gestión del comercio y el mercado.

2. **Innovaciones Tecnológicas**: El desarrollo continuo de tecnologías emergentes como la inteligencia artificial y el Internet de las Cosas (IoT) puede integrarse con blockchain para crear soluciones más avanzadas y eficientes.

3. **Descentralización y Democratización**: El blockchain

tiene el potencial de democratizar el acceso a la información y los recursos en el comercio y el mercado, promoviendo una mayor inclusión y equidad.

4. **Nuevos Modelos de Negocios**: Las startups y las empresas tecnológicas continuarán innovando y desarrollando nuevos modelos de negocios que aprovechen las ventajas del blockchain, creando un mercado más dinámico y competitivo.

Conclusión

El blockchain está transformando el comercio y el mercado al proporcionar soluciones innovadoras para los pagos digitales, la trazabilidad de productos, la automatización de contratos y la emisión de valores. A pesar de los desafíos y limitaciones, el futuro del blockchain en el comercio y el mercado es prometedor, con un potencial ilimitado para mejorar la transparencia, la eficiencia y la seguridad de los procesos.

En los próximos capítulos, continuaremos explorando más aplicaciones del blockchain y cómo esta tecnología está transformando diversas industrias. ¡Sigamos adelante para descubrir más sobre el apasionante mundo del blockchain!

CAPÍTULO 15: BLOCKCHAIN EN LA ENERGÍA Y EL MEDIO AMBIENTE

Introducción

L a industria de la energía y el medio ambiente enfrenta desafíos significativos relacionados con la eficiencia, la transparencia y la sostenibilidad. El blockchain tiene el potencial de transformar esta industria al proporcionar soluciones innovadoras para la gestión de recursos energéticos, la promoción de energías renovables y la reducción del impacto ambiental. En este capítulo, exploraremos cómo el blockchain está revolucionando la energía y el medio ambiente, sus aplicaciones prácticas y los desafíos que enfrenta.

Gestión de Recursos Energéticos

La gestión eficiente de los recursos energéticos es crucial para asegurar un suministro estable y sostenible. El blockchain puede mejorar la gestión de estos recursos al proporcionar una plataforma transparente y segura para el seguimiento y la distribución de energía.

1. **Redes Inteligentes (Smart Grids):**
   - **Beneficios**: El blockchain permite la creación de redes inteligentes que pueden gestionar de manera eficiente la producción, distribución y consumo de energía en tiempo real.
   - **Ejemplo**: Grid+ utiliza blockchain para optimizar la gestión de la energía en redes inteligentes, permitiendo una mayor eficiencia y reduciendo costos.

2. **Transacciones de Energía Peer-to-Peer (P2P):**
   - **Beneficios**: El blockchain facilita las transacciones de energía entre pares, permitiendo a los consumidores comprar y vender energía directamente entre ellos sin intermediarios.
   - **Ejemplo**: Power Ledger es una plataforma que permite a los consumidores de energía solar vender el exceso de energía a sus vecinos utilizando tecnología blockchain.

3. **Seguimiento de Energía Renovable:**
   - **Beneficios**: El blockchain proporciona un registro inmutable del origen de la energía, asegurando que la energía renovable sea rastreable y verificable.
   - **Ejemplo**: WePower utiliza blockchain para rastrear y verificar la energía renovable, permitiendo a los consumidores comprar energía verde directamente de los productores.

Promoción de Energías Renovables

El blockchain puede desempeñar un papel crucial en la promoción y adopción de energías renovables al proporcionar incentivos y asegurar la transparencia en la producción y el consumo de energía verde.

1. **Certificados de Energía Renovable (REC):**
   - **Beneficios**: El blockchain facilita la emisión y el comercio de certificados de energía renovable, asegurando la transparencia y reduciendo el fraude.
   - **Ejemplo**: Energy Web Foundation utiliza blockchain para gestionar la emisión y el comercio de certificados de energía renovable, promoviendo la adopción de energías limpias.

2. **Financiación de Proyectos de Energía Renovable:**
   - **Beneficios**: Las plataformas de crowdfunding basadas en blockchain pueden financiar proyectos de energía renovable, permitiendo a los inversores participar en la transición hacia energías limpias.
   - **Ejemplo**: Sun Exchange es una plataforma que permite a los inversores financiar proyectos solares en todo el mundo utilizando tecnología blockchain.

3. **Microgrids y Energía Descentralizada:**
   - **Beneficios**: El blockchain permite la creación y gestión de microgrids, sistemas energéticos locales que pueden operar independientemente de la red principal.
   - **Ejemplo**: LO3 Energy utiliza blockchain para gestionar microgrids y permitir transacciones de energía descentralizadas, promoviendo la resiliencia energética y la sostenibilidad.

Reducción del Impacto Ambiental

El blockchain puede ayudar a reducir el impacto ambiental al mejorar la transparencia y la eficiencia en la gestión de recursos naturales y la reducción de emisiones de carbono.

1. **Rastreo de la Huella de Carbono**:
   - **Beneficios**: El blockchain proporciona un registro transparente y verificable de las emisiones de carbono, permitiendo a las empresas y gobiernos monitorear y reducir su huella de carbono.
   - **Ejemplo**: CarbonX utiliza blockchain para rastrear y compensar las emisiones de carbono, permitiendo a las empresas comprar créditos de carbono para reducir su impacto ambiental.

2. **Gestión de Residuos**:
   - **Beneficios**: El blockchain puede mejorar la gestión de residuos al proporcionar un registro inmutable del ciclo de vida de los productos, desde la producción hasta la eliminación.
   - **Ejemplo**: Plastic Bank utiliza blockchain para rastrear la recolección y el reciclaje de plásticos, incentivando a las comunidades a reducir la contaminación plástica.

3. **Incentivos para la Sostenibilidad**:
   - **Beneficios**: Las plataformas basadas en blockchain pueden proporcionar incentivos a las empresas y los individuos para adoptar prácticas sostenibles.
   - **Ejemplo**: Poseidon utiliza blockchain para integrar créditos de carbono en las transacciones diarias, incentivando a los consumidores a reducir su huella de carbono.

Beneficios del Blockchain en la

Energía y el Medio Ambiente

La implementación del blockchain en la energía y el medio ambiente ofrece numerosos beneficios que pueden transformar la industria:

1. **Transparencia y Visibilidad**: El blockchain proporciona una visibilidad completa de todas las transacciones y movimientos de energía, mejorando la transparencia y permitiendo una auditoría fácil y precisa.
2. **Reducción del Fraude y la Falsificación**: La inmutabilidad del blockchain asegura que los registros no puedan ser manipulados, reduciendo el riesgo de fraude y falsificación.
3. **Eficiencia Operativa**: La automatización de procesos mediante contratos inteligentes reduce el papeleo y los errores manuales, mejorando la eficiencia operativa.
4. **Seguridad y Confiabilidad**: La seguridad criptográfica del blockchain protege los datos contra accesos no autorizados y ciberataques.

Casos de Estudio

A continuación, se presentan algunos casos de estudio que ilustran cómo el blockchain está siendo utilizado en la energía y el medio ambiente:

1. **Brooklyn Microgrid:**
   - **Problema**: La necesidad de una red energética resiliente y sostenible en Brooklyn, Nueva York.
   - **Solución**: LO3 Energy implementó una microgrid basada en blockchain que permite a los residentes comprar y vender energía solar directamente entre ellos.
   - **Resultados**: Mejora en la resiliencia energética

y la adopción de energías renovables a nivel local.

2. **TEPCO y la Gestión de Energía**:
   - **Problema**: La necesidad de mejorar la gestión de energía y promover la sostenibilidad en Japón.
   - **Solución**: TEPCO, en colaboración con Energy Web Foundation, implementó una plataforma blockchain para gestionar y rastrear la energía renovable.
   - **Resultados**: Mayor transparencia y eficiencia en la gestión de energía, promoviendo la adopción de energías renovables.

3. **WWF y la Pesca Sostenible**:
   - **Problema**: La falta de transparencia en la cadena de suministro de la pesca, lo que lleva a la sobrepesca y la pesca ilegal.
   - **Solución**: WWF implementó una plataforma blockchain para rastrear la cadena de suministro de productos pesqueros, asegurando la sostenibilidad y la legalidad.
   - **Resultados**: Mayor transparencia y sostenibilidad en la cadena de suministro de la pesca, reduciendo la pesca ilegal y la sobrepesca.

Desafíos en la Implementación del Blockchain en la Energía y el Medio Ambiente

Aunque el blockchain ofrece numerosos beneficios, su implementación en la energía y el medio ambiente enfrenta varios desafíos:

1. **Escalabilidad**:

- **Desafío**: Manejar grandes volúmenes de datos y transacciones puede ser difícil en una plataforma blockchain.
- **Soluciones**: Implementación de soluciones de escalabilidad como cadenas laterales (sidechains) y fragmentación (sharding).

2. **Interoperabilidad**:
- **Desafío**: La falta de interoperabilidad entre diferentes plataformas y sistemas puede limitar la adopción del blockchain.
- **Soluciones**: Desarrollo de estándares de interoperabilidad y colaboración entre diferentes proveedores de tecnología.

3. **Adopción y Resistencia al Cambio**:
- **Desafío**: Las empresas pueden ser reacias a adoptar nuevas tecnologías debido a los costos iniciales y la resistencia al cambio.
- **Soluciones**: Educación y capacitación sobre los beneficios del blockchain y el desarrollo de soluciones escalables y rentables.

4. **Regulación y Cumplimiento**:
- **Desafío**: Las regulaciones sobre el uso del blockchain y la privacidad de los datos varían entre jurisdicciones.
- **Soluciones**: Colaboración con reguladores para desarrollar marcos legales claros y asegurar el cumplimiento de las normativas de privacidad y seguridad.

Futuro del Blockchain en la Energía y el Medio Ambiente

El futuro del blockchain en la energía y el medio ambiente es prometedor y está lleno de oportunidades para la innovación y la mejora de los procesos. Algunas tendencias y desarrollos futuros incluyen:

1. **Mayor Adopción Empresarial**: A medida que las empresas se familiaricen más con el blockchain, es probable que veamos una adopción más amplia en la gestión de energía y recursos naturales.

2. **Innovaciones Tecnológicas**: El desarrollo continuo de tecnologías emergentes como la inteligencia artificial y el Internet de las Cosas (IoT) puede integrarse con blockchain para crear soluciones más avanzadas y eficientes.

3. **Descentralización y Democratización**: El blockchain tiene el potencial de democratizar el acceso a la información y los recursos en la energía y el medio ambiente, promoviendo una mayor inclusión y equidad.

4. **Nuevos Modelos de Negocios**: Las startups y las empresas tecnológicas continuarán innovando y desarrollando nuevos modelos de negocios que aprovechen las ventajas del blockchain, creando una industria de la energía más dinámica y sostenible.

Conclusión

El blockchain está transformando la industria de la energía y el medio ambiente al proporcionar soluciones innovadoras para la gestión de recursos energéticos, la promoción de energías renovables y la reducción del impacto ambiental. A pesar de los desafíos y limitaciones, el futuro del blockchain en esta industria es prometedor, con un potencial ilimitado para mejorar la transparencia, la eficiencia y la sostenibilidad de los procesos.

En los próximos capítulos, continuaremos explorando más aplicaciones del blockchain y cómo esta tecnología está transformando diversas industrias. ¡Sigamos adelante para descubrir más sobre el apasionante mundo del blockchain!

CAPÍTULO 16:
BLOCKCHAIN EN LA
IDENTIDAD DIGITAL

Introducción

L a gestión de la identidad digital es un desafío crucial en la era digital. Los sistemas tradicionales de identidad a menudo sufren de problemas relacionados con la seguridad, la privacidad y la interoperabilidad. El blockchain ofrece una solución innovadora para estos problemas al proporcionar un sistema seguro, descentralizado y transparente para la gestión de identidades digitales. En este capítulo, exploraremos cómo el blockchain está transformando la gestión de la identidad digital, sus aplicaciones prácticas y los desafíos que enfrenta.

Problemas con los Sistemas Tradicionales de Identidad

Los sistemas tradicionales de identidad digital enfrentan varios problemas significativos:

    1. **Seguridad y Fraude**: Las bases de datos centralizadas

son vulnerables a brechas de seguridad y ataques cibernéticos, lo que puede llevar al robo de identidad y fraude.

2. **Privacidad**: Los usuarios a menudo tienen poco control sobre sus datos personales, y estos pueden ser utilizados sin su consentimiento.

3. **Interoperabilidad**: Los sistemas de identidad a menudo no son interoperables, lo que dificulta el intercambio de información entre diferentes plataformas y servicios.

Blockchain y Gestión de la Identidad Digital

El blockchain puede abordar estos problemas al proporcionar un sistema seguro y descentralizado para la gestión de identidades digitales. A continuación, se describen algunas aplicaciones clave:

1. **Identidades Auto-Soberanas**:
   - **Definición**: Las identidades auto-soberanas permiten a los usuarios controlar sus propios datos de identidad sin depender de una autoridad central.
   - **Beneficios**: Mayor privacidad y control sobre los datos personales, reducción del riesgo de fraude.
   - **Ejemplo**: Sovrin es una plataforma de identidad auto-soberana basada en blockchain que permite a los usuarios gestionar y compartir sus datos de identidad de manera segura.

2. **Autenticación Descentralizada**:
   - **Beneficios**: La autenticación basada en blockchain permite a los usuarios autenticarse en diferentes servicios sin necesidad de

almacenar contraseñas en bases de datos centralizadas.

- **Ejemplo**: Civic utiliza blockchain para proporcionar una solución de autenticación descentralizada que elimina la necesidad de contraseñas tradicionales.

3. **Verificación de Identidad**:
- **Beneficios**: El blockchain permite la verificación de identidad de manera segura y eficiente, reduciendo el riesgo de fraude y errores.
- **Ejemplo**: uPort es una plataforma de identidad digital que permite a los usuarios crear, gestionar y verificar su identidad utilizando tecnología blockchain.

Beneficios del Blockchain en la Gestión de la Identidad Digital

La implementación del blockchain en la gestión de la identidad digital ofrece numerosos beneficios:

1. **Seguridad Mejorada**: La descentralización y la criptografía avanzada del blockchain protegen los datos de identidad contra brechas de seguridad y ataques cibernéticos.
2. **Privacidad y Control**: Los usuarios tienen un control completo sobre sus datos de identidad y pueden decidir qué información compartir y con quién.
3. **Interoperabilidad**: Los sistemas de identidad basados en blockchain pueden ser interoperables, facilitando el intercambio de información entre diferentes plataformas y servicios.
4. **Reducción del Fraude**: La inmutabilidad del blockchain asegura que los datos de identidad no puedan ser manipulados, reduciendo el riesgo de fraude.

Casos de Estudio

A continuación, se presentan algunos casos de estudio que ilustran cómo el blockchain está siendo utilizado en la gestión de la identidad digital:

1. **Sovrin y la Identidad Auto-Soberana**:
   - **Problema**: Los usuarios tienen poco control sobre sus datos de identidad y están expuestos al riesgo de fraude y robo de identidad.
   - **Solución**: Sovrin proporciona una plataforma de identidad auto-soberana basada en blockchain que permite a los usuarios gestionar y compartir sus datos de identidad de manera segura.
   - **Resultados**: Mayor privacidad y control para los usuarios, reducción del riesgo de fraude y robo de identidad.

2. **Civic y la Autenticación Descentralizada**:
   - **Problema**: La autenticación tradicional basada en contraseñas es vulnerable a brechas de seguridad y ataques de phishing.
   - **Solución**: Civic utiliza blockchain para proporcionar una solución de autenticación descentralizada que elimina la necesidad de contraseñas tradicionales.
   - **Resultados**: Mejora en la seguridad de la autenticación, reducción del riesgo de brechas de seguridad y ataques de phishing.

3. **uPort y la Verificación de Identidad**:
   - **Problema**: La verificación de identidad tradicional puede ser lenta, costosa y propensa a errores.
   - **Solución**: uPort permite a los usuarios crear, gestionar y verificar su identidad utilizando

tecnología blockchain, proporcionando una solución más rápida y segura.

- **Resultados**: Mejora en la eficiencia y seguridad de la verificación de identidad, reducción de costos y errores.

Desafíos en la Implementación del Blockchain en la Gestión de la Identidad Digital

Aunque el blockchain ofrece numerosos beneficios, su implementación en la gestión de la identidad digital enfrenta varios desafíos:

1. **Adopción y Resistencia al Cambio**:
   - **Desafío**: Las personas y las organizaciones pueden ser reacias a adoptar nuevas tecnologías debido a la falta de familiaridad y los costos iniciales.
   - **Soluciones**: Educación y capacitación sobre los beneficios del blockchain y el desarrollo de soluciones fáciles de usar y accesibles.

2. **Interoperabilidad**:
   - **Desafío**: La falta de interoperabilidad entre diferentes plataformas y sistemas de identidad puede limitar la adopción del blockchain.
   - **Soluciones**: Desarrollo de estándares de interoperabilidad y colaboración entre diferentes proveedores de tecnología y plataformas de identidad.

3. **Regulación y Cumplimiento**:
   - **Desafío**: Las regulaciones sobre la gestión de datos de identidad varían entre jurisdicciones, lo que puede complicar la implementación del blockchain.

- **Soluciones**: Colaboración con reguladores para desarrollar marcos legales claros y asegurar el cumplimiento de las normativas de privacidad y seguridad.

4. **Escalabilidad**:
   - **Desafío**: Manejar grandes volúmenes de datos de identidad puede ser difícil en una plataforma blockchain.
   - **Soluciones**: Implementación de soluciones de escalabilidad como cadenas laterales (sidechains) y fragmentación (sharding).

Futuro del Blockchain en la Gestión de la Identidad Digital

El futuro del blockchain en la gestión de la identidad digital es prometedor y está lleno de oportunidades para la innovación y la mejora de los procesos. Algunas tendencias y desarrollos futuros incluyen:

1. **Mayor Adopción Empresarial**: A medida que las empresas se familiaricen más con el blockchain, es probable que veamos una adopción más amplia en la gestión de identidades digitales.
2. **Innovaciones Tecnológicas**: El desarrollo continuo de tecnologías emergentes como la inteligencia artificial y el Internet de las Cosas (IoT) puede integrarse con blockchain para crear soluciones más avanzadas y seguras.
3. **Descentralización y Democratización**: El blockchain tiene el potencial de democratizar el acceso a la gestión de identidades digitales, promoviendo una mayor inclusión y equidad.
4. **Nuevos Modelos de Negocios**: Las startups y las empresas tecnológicas continuarán innovando y desarrollando nuevos modelos de negocios que

aprovechen las ventajas del blockchain, creando una industria de gestión de identidades más dinámica y segura.

Conclusión

El blockchain está transformando la gestión de la identidad digital al proporcionar soluciones innovadoras para la autenticación, la verificación y el control de datos personales. A pesar de los desafíos y limitaciones, el futuro del blockchain en esta industria es prometedor, con un potencial ilimitado para mejorar la seguridad, la privacidad y la eficiencia de los procesos de identidad digital.

En los próximos capítulos, continuaremos explorando más aplicaciones del blockchain y cómo esta tecnología está transformando diversas industrias. ¡Sigamos adelante para descubrir más sobre el apasionante mundo del blockchain!

CAPÍTULO 17:
BLOCKCHAIN EN EL SECTOR PÚBLICO Y EL GOBIERNO

Introducción

El sector público y los gobiernos de todo el mundo están explorando cómo el blockchain puede mejorar la eficiencia, la transparencia y la seguridad de los servicios públicos. Desde el registro de tierras hasta la votación electrónica, el blockchain tiene el potencial de transformar la manera en que los gobiernos interactúan con los ciudadanos y gestionan sus operaciones. En este capítulo, exploraremos cómo el blockchain está revolucionando el sector público y el gobierno, sus aplicaciones prácticas y los desafíos que enfrenta.

Registro de Tierras y Propiedades

El registro de tierras y propiedades es una de las áreas donde el blockchain puede ofrecer beneficios significativos al mejorar la transparencia y la seguridad de los registros.

1. **Transparencia y Seguridad**:
   - **Beneficios**: El blockchain proporciona un registro inmutable de la propiedad de tierras y propiedades, reduciendo el fraude y mejorando la confianza en el sistema.
   - **Ejemplo**: En Georgia, el gobierno ha implementado un sistema de registro de tierras basado en blockchain que asegura la inmutabilidad y transparencia de los registros.

2. **Reducción del Fraude**:
   - **Beneficios**: La inmutabilidad del blockchain asegura que los registros de propiedad no puedan ser alterados, reduciendo el riesgo de fraudes y disputas legales.
   - **Ejemplo**: En Honduras, se está desarrollando un sistema de registro de tierras basado en blockchain para combatir el fraude y mejorar la seguridad de los registros de propiedad.

3. **Eficiencia Administrativa**:
   - **Beneficios**: La automatización de procesos mediante contratos inteligentes puede reducir el papeleo y los tiempos de procesamiento, mejorando la eficiencia administrativa.
   - **Ejemplo**: En India, algunos estados están explorando el uso del blockchain para digitalizar y automatizar los registros de tierras, mejorando la eficiencia y reduciendo la corrupción.

Votación Electrónica

La votación electrónica es otra área donde el blockchain puede mejorar la transparencia y la seguridad, asegurando la integridad del proceso electoral.

1. **Seguridad y Transparencia**:

- **Beneficios**: El blockchain garantiza que los votos no puedan ser alterados ni eliminados, proporcionando un registro transparente y verificable de los resultados.
- **Ejemplo**: Voatz es una plataforma de votación electrónica basada en blockchain que se ha utilizado en elecciones y votaciones en varias jurisdicciones, incluyendo las elecciones municipales en Utah, EE. UU.

2. **Accesibilidad**:

- **Beneficios**: La votación electrónica basada en blockchain puede facilitar la participación de votantes remotos y asegurar la integridad del proceso electoral.
- **Ejemplo**: FollowMyVote utiliza blockchain para permitir a los ciudadanos votar de manera segura y transparente desde cualquier lugar del mundo.

3. **Reducción del Fraude Electoral**:

- **Beneficios**: El uso del blockchain puede reducir significativamente el riesgo de fraude electoral, asegurando que cada voto sea legítimo y contabilizado correctamente.
- **Ejemplo**: Democracy Earth utiliza blockchain para crear plataformas de votación seguras y transparentes, promoviendo la democracia digital.

Gestión de Identidades

La gestión de identidades es crucial para los gobiernos, ya que implica la administración de datos personales sensibles. El blockchain puede mejorar la seguridad y la eficiencia de estos procesos.

1. **Identidades Auto-Soberanas**:

- **Beneficios**: Permiten a los ciudadanos controlar sus propios datos de identidad sin depender de una autoridad central, mejorando la privacidad y la seguridad.
- **Ejemplo**: Sovrin es una plataforma de identidad auto-soberana basada en blockchain que permite a los usuarios gestionar y compartir sus datos de identidad de manera segura.

2. **Autenticación Segura**:
- **Beneficios**: La autenticación basada en blockchain permite a los ciudadanos acceder a servicios gubernamentales de manera segura sin necesidad de múltiples contraseñas.
- **Ejemplo**: Civic utiliza blockchain para proporcionar una solución de autenticación segura que elimina la necesidad de contraseñas tradicionales.

3. **Verificación de Identidad**:
- **Beneficios**: El blockchain permite la verificación de identidad de manera segura y eficiente, reduciendo el riesgo de fraude y errores.
- **Ejemplo**: uPort permite a los usuarios crear, gestionar y verificar su identidad utilizando tecnología blockchain.

Transparencia y Anticorrupción

El blockchain puede mejorar la transparencia y combatir la corrupción en las operaciones gubernamentales al proporcionar un registro inmutable de todas las transacciones y decisiones.

1. **Registro de Contratos Públicos**:
- **Beneficios**: El blockchain puede proporcionar un registro transparente y verificable de todos

los contratos públicos, reduciendo el riesgo de corrupción y aumentando la confianza pública.

- **Ejemplo**: En Chile, el gobierno ha implementado un sistema basado en blockchain para registrar y monitorear los contratos públicos, mejorando la transparencia y la eficiencia.

2. **Gestión de Fondos Públicos**:

- **Beneficios**: La trazabilidad de los fondos públicos en un blockchain puede asegurar que los recursos se utilicen de manera adecuada y eficiente.
- **Ejemplo**: En Brasil, se está explorando el uso del blockchain para monitorear y gestionar los fondos públicos, asegurando la transparencia y reduciendo la corrupción.

3. **Auditoría y Supervisión**:

- **Beneficios**: El blockchain facilita la auditoría y la supervisión de las actividades gubernamentales al proporcionar un registro inmutable de todas las transacciones y decisiones.
- **Ejemplo**: En Estonia, el gobierno utiliza blockchain para auditar y supervisar sus sistemas de información, asegurando la integridad y la transparencia.

Beneficios del Blockchain en el Sector Público y el Gobierno

La implementación del blockchain en el sector público y el gobierno ofrece numerosos beneficios:

1. **Transparencia y Visibilidad**: El blockchain

proporciona una visibilidad completa de todas las transacciones y decisiones, mejorando la transparencia y permitiendo una auditoría fácil y precisa.

2. **Reducción del Fraude y la Corrupción**: La inmutabilidad del blockchain asegura que los registros no puedan ser manipulados, reduciendo el riesgo de fraude y corrupción.

3. **Eficiencia Operativa**: La automatización de procesos mediante contratos inteligentes reduce el papeleo y los errores manuales, mejorando la eficiencia operativa.

4. **Seguridad y Confiabilidad**: La seguridad criptográfica del blockchain protege los datos contra accesos no autorizados y ciberataques.

Casos de Estudio

A continuación, se presentan algunos casos de estudio que ilustran cómo el blockchain está siendo utilizado en el sector público y el gobierno:

1. **Estonia y la E-Governance**:
   - **Problema**: La necesidad de un sistema seguro y eficiente para gestionar los datos y servicios gubernamentales.
   - **Solución**: Estonia implementó un sistema de e-governance basado en blockchain que asegura la integridad y la transparencia de los servicios públicos.
   - **Resultados**: Mejora significativa en la eficiencia operativa y la confianza pública, reducción de la corrupción y el fraude.

2. **Dubái y la Estrategia de Blockchain**:
   - **Problema**: La necesidad de modernizar y digitalizar los servicios gubernamentales.
   - **Solución**: Dubái lanzó una estrategia de blockchain para digitalizar todos los

documentos gubernamentales y mejorar la eficiencia y la transparencia.

- **Resultados**: Reducción significativa del papeleo y los costos administrativos, mejora en la eficiencia operativa y la transparencia.

3. **Georgia y el Registro de Tierras**:
- **Problema**: La falta de transparencia y seguridad en el registro de tierras.
- **Solución**: Georgia implementó un sistema de registro de tierras basado en blockchain que asegura la inmutabilidad y la transparencia de los registros.
- **Resultados**: Reducción del fraude y las disputas legales, mejora en la confianza pública y la eficiencia administrativa.

Desafíos en la Implementación del Blockchain en el Sector Público y el Gobierno

Aunque el blockchain ofrece numerosos beneficios, su implementación en el sector público y el gobierno enfrenta varios desafíos:

1. **Escalabilidad**:
- **Desafío**: Manejar grandes volúmenes de datos y transacciones puede ser difícil en una plataforma blockchain.
- **Soluciones**: Implementación de soluciones de escalabilidad como cadenas laterales (sidechains) y fragmentación (sharding).

2. **Interoperabilidad**:
- **Desafío**: La falta de interoperabilidad entre diferentes plataformas y sistemas puede limitar la adopción del blockchain.

- **Soluciones**: Desarrollo de estándares de interoperabilidad y colaboración entre diferentes proveedores de tecnología.

3. **Adopción y Resistencia al Cambio**:
  - **Desafío**: Los gobiernos y las organizaciones pueden ser reacios a adoptar nuevas tecnologías debido a la falta de familiaridad y los costos iniciales.
  - **Soluciones**: Educación y capacitación sobre los beneficios del blockchain y el desarrollo de soluciones fáciles de usar y accesibles.

4. **Regulación y Cumplimiento**:
  - **Desafío**: Las regulaciones sobre el uso del blockchain varían entre jurisdicciones, lo que puede complicar su implementación.
  - **Soluciones**: Colaboración con reguladores para desarrollar marcos legales claros y asegurar el cumplimiento de las normativas de privacidad y seguridad.

Futuro del Blockchain en el Sector Público y el Gobierno

El futuro del blockchain en el sector público y el gobierno es prometedor y está lleno de oportunidades para la innovación y la mejora de los servicios públicos. Algunas tendencias y desarrollos futuros incluyen:

1. **Mayor Adopción Gubernamental**: A medida que los gobiernos se familiaricen más con el blockchain, es probable que veamos una adopción más amplia en la gestión de servicios públicos y la administración de datos.

2. **Innovaciones Tecnológicas**: El desarrollo continuo de tecnologías emergentes como la inteligencia artificial

y el Internet de las Cosas (IoT) puede integrarse con blockchain para crear soluciones más avanzadas y eficientes.

3. **Descentralización y Democratización**: El blockchain tiene el potencial de democratizar el acceso a los servicios públicos, promoviendo una mayor inclusión y equidad.

4. **Nuevos Modelos de Gobierno**: Los gobiernos continuarán innovando y desarrollando nuevos modelos de gobernanza que aprovechen las ventajas del blockchain, creando un sector público más dinámico y eficiente.

Conclusión

El blockchain está transformando el sector público y el gobierno al proporcionar soluciones innovadoras para el registro de tierras, la votación electrónica, la gestión de identidades y la transparencia administrativa. A pesar de los desafíos y limitaciones, el futuro del blockchain en esta industria es prometedor, con un potencial ilimitado para mejorar la transparencia, la eficiencia y la seguridad de los servicios públicos.

En los próximos capítulos, continuaremos explorando más aplicaciones del blockchain y cómo esta tecnología está transformando diversas industrias. ¡Sigamos adelante para descubrir más sobre el apasionante mundo del blockchain!

CAPÍTULO 18:
BLOCKCHAIN EN
LA INDUSTRIA DEL
ENTRETENIMIENTO

Introducción

La industria del entretenimiento, que abarca música, cine, juegos y medios de comunicación, está experimentando una transformación significativa gracias al blockchain. Esta tecnología ofrece soluciones innovadoras para la gestión de derechos de autor, la distribución de contenidos y la creación de nuevas formas de interacción y monetización. En este capítulo, exploraremos cómo el blockchain está revolucionando la industria del entretenimiento, sus aplicaciones prácticas y los desafíos que enfrenta.

Gestión de Derechos de Autor y Propiedad Intelectual

Uno de los mayores desafíos en la industria del entretenimiento es la gestión de los derechos de autor y la propiedad intelectual. El blockchain puede ofrecer una solución eficaz al proporcionar un registro inmutable y transparente de la propiedad y los derechos.

1. **Registro de Derechos de Autor:**
   - **Beneficios**: El blockchain permite registrar derechos de autor de manera segura y transparente, asegurando la autenticidad y la inmutabilidad del registro.
   - **Ejemplo**: Ascribe utiliza blockchain para registrar y gestionar derechos de autor de obras de arte digitales, asegurando la autenticidad y facilitando la transferencia de propiedad.

2. **Gestión de Regalías:**
   - **Beneficios**: Los contratos inteligentes pueden automatizar la distribución de regalías, asegurando que los creadores reciban su justa compensación de manera oportuna.
   - **Ejemplo**: Mycelia utiliza blockchain para gestionar y distribuir regalías a músicos y creadores de contenido, asegurando una compensación justa y transparente.

3. **Protección contra la Piratería:**
   - **Beneficios**: El blockchain puede ayudar a prevenir la piratería al proporcionar un registro inmutable de la propiedad y las transacciones, facilitando la verificación de la autenticidad.
   - **Ejemplo**: Custos Media Technologies utiliza blockchain para rastrear y verificar la distribución de contenido digital, reduciendo la piratería y protegiendo los derechos de autor.

Distribución de Contenidos

La distribución de contenidos es un área donde el blockchain puede mejorar significativamente la eficiencia y la transparencia, eliminando intermediarios y reduciendo costos.

1. **Plataformas de Streaming Descentralizadas**:
   - **Beneficios**: Las plataformas de streaming basadas en blockchain permiten a los creadores de contenido distribuir sus obras directamente a los consumidores, eliminando intermediarios y reduciendo costos.
   - **Ejemplo**: Audius es una plataforma de streaming de música descentralizada que permite a los artistas cargar, compartir y monetizar su música directamente con los fans.

2. **Mercados de Contenidos Digitales**:
   - **Beneficios**: El blockchain facilita la creación de mercados de contenidos digitales donde los creadores pueden vender y licenciar sus obras directamente a los consumidores y empresas.
   - **Ejemplo**: Rarible es un mercado de contenidos digitales basado en blockchain donde los artistas pueden vender sus obras como tokens no fungibles (NFT).

3. **Tokenización de Contenidos**:
   - **Beneficios**: La tokenización permite a los creadores emitir tokens que representan la propiedad o el acceso a sus contenidos, creando nuevas formas de monetización y participación.
   - **Ejemplo**: Chiliz utiliza blockchain para tokenizar la participación de los fans en eventos deportivos y de entretenimiento,

permitiendo a los usuarios comprar y comerciar tokens de sus equipos y artistas favoritos.

Videojuegos y Blockchain

La industria de los videojuegos está adoptando rápidamente el blockchain para crear nuevas formas de interacción y monetización dentro de los juegos.

1. **Juegos Basados en Blockchain**:
   - **Beneficios**: Los juegos basados en blockchain permiten a los jugadores tener propiedad real de sus activos dentro del juego, que pueden comerciar o vender libremente.
   - **Ejemplo**: Axie Infinity es un juego basado en blockchain donde los jugadores pueden criar, comprar y vender criaturas llamadas Axies, con todas las transacciones registradas en la cadena de bloques.

2. **Economías Virtuales**:
   - **Beneficios**: El blockchain facilita la creación de economías virtuales dentro de los juegos, donde los jugadores pueden ganar, gastar y comerciar criptomonedas y otros activos digitales.
   - **Ejemplo**: Decentraland es un mundo virtual basado en blockchain donde los usuarios pueden comprar, vender y construir en terrenos virtuales utilizando la criptomoneda MANA.

3. **Transparencia y Justicia en los Juegos**:
   - **Beneficios**: Los contratos inteligentes aseguran que las reglas y las recompensas dentro del juego sean transparentes y justas, reduciendo el riesgo de fraude y manipulación.

- **Ejemplo**: Gods Unchained es un juego de cartas coleccionables basado en blockchain que utiliza contratos inteligentes para asegurar que las cartas y las recompensas sean justas y verificables.

Beneficios del Blockchain en la Industria del Entretenimiento

La implementación del blockchain en la industria del entretenimiento ofrece numerosos beneficios que pueden transformar la forma en que se crean, distribuyen y consumen los contenidos:

1. **Transparencia y Visibilidad**: El blockchain proporciona una visibilidad completa de todas las transacciones y movimientos de contenido, mejorando la transparencia y permitiendo una auditoría fácil y precisa.
2. **Reducción del Fraude y la Piratería**: La inmutabilidad del blockchain asegura que los registros no puedan ser manipulados, reduciendo el riesgo de fraude y piratería.
3. **Eficiencia Operativa**: La automatización de procesos mediante contratos inteligentes reduce el papeleo y los errores manuales, mejorando la eficiencia operativa.
4. **Seguridad y Confiabilidad**: La seguridad criptográfica del blockchain protege los datos contra accesos no autorizados y ciberataques.

Casos de Estudio

A continuación, se presentan algunos casos de estudio que ilustran cómo el blockchain está siendo utilizado en la industria del entretenimiento:

1. **Vezt y la Gestión de Regalías Musicales**:
    - **Problema**: La distribución de regalías musicales es a menudo opaca y lenta, con muchos intermediarios involucrados.
    - **Solución**: Vezt utiliza blockchain para permitir a los artistas monetizar sus canciones directamente con los fans y distribuir regalías de manera transparente y eficiente.
    - **Resultados**: Mejora en la transparencia y la eficiencia de la distribución de regalías, mayor control para los artistas y nuevas oportunidades de inversión para los fans.

2. **Theta y la Transmisión de Video**:
    - **Problema**: Las plataformas de transmisión de video tradicionales enfrentan altos costos de infraestructura y problemas de calidad de transmisión.
    - **Solución**: Theta utiliza blockchain para crear una red de transmisión de video descentralizada donde los usuarios pueden compartir ancho de banda y recursos informáticos a cambio de recompensas en criptomonedas.
    - **Resultados**: Reducción de costos de infraestructura, mejora en la calidad de transmisión y nuevas oportunidades de monetización para los usuarios.

3. **Enjin y los Activos de Juegos**:
    - **Problema**: Los jugadores no tienen propiedad real de los activos digitales que compran en los juegos, lo que limita su valor y transferibilidad.
    - **Solución**: Enjin utiliza blockchain para permitir a los desarrolladores de juegos crear y gestionar activos digitales que los jugadores pueden poseer, comerciar y vender libremente.

- **Resultados**: Mayor valor y flexibilidad para los jugadores, nuevas oportunidades de monetización para los desarrolladores de juegos.

Desafíos en la Implementación del Blockchain en la Industria del Entretenimiento

Aunque el blockchain ofrece numerosos beneficios, su implementación en la industria del entretenimiento enfrenta varios desafíos:

1. **Escalabilidad**:
   - **Desafío**: Manejar grandes volúmenes de transacciones y datos de contenido puede ser difícil en una plataforma blockchain.
   - **Soluciones**: Implementación de soluciones de escalabilidad como cadenas laterales (sidechains) y fragmentación (sharding).

2. **Interoperabilidad**:
   - **Desafío**: La falta de interoperabilidad entre diferentes plataformas y sistemas puede limitar la adopción del blockchain.
   - **Soluciones**: Desarrollo de estándares de interoperabilidad y colaboración entre diferentes proveedores de tecnología y plataformas de contenido.

3. **Adopción y Resistencia al Cambio**:
   - **Desafío**: Los creadores de contenido y las empresas pueden ser reacios a adoptar nuevas tecnologías debido a la falta de familiaridad y los costos iniciales.
   - **Soluciones**: Educación y capacitación sobre los beneficios del blockchain y el desarrollo de

soluciones fáciles de usar y accesibles.

4. **Regulación y Cumplimiento**:
   - **Desafío**: Las regulaciones sobre el uso del blockchain y la gestión de derechos de autor varían entre jurisdicciones.
   - **Soluciones**: Colaboración con reguladores para desarrollar marcos legales claros y asegurar el cumplimiento de las normativas de privacidad y derechos de autor.

Futuro del Blockchain en la Industria del Entretenimiento

El futuro del blockchain en la industria del entretenimiento es prometedor y está lleno de oportunidades para la innovación y la mejora de los procesos. Algunas tendencias y desarrollos futuros incluyen:

1. **Mayor Adopción de NFT**: Los tokens no fungibles (NFT) están ganando popularidad como una forma de representar la propiedad de obras digitales únicas, y es probable que su adopción continúe creciendo.
2. **Desarrollo de Plataformas Descentralizadas**: A medida que más creadores de contenido y consumidores se familiaricen con el blockchain, veremos el desarrollo de más plataformas descentralizadas para la distribución y monetización de contenidos.
3. **Innovaciones en la Gestión de Derechos de Autor**: Las soluciones basadas en blockchain para la gestión de derechos de autor seguirán evolucionando, mejorando la transparencia y la eficiencia en la industria del entretenimiento.
4. **Nuevas Formas de Participación de los Fans**: La tokenización y las plataformas basadas en blockchain permitirán a los fans participar de nuevas formas en

la creación y monetización de contenidos, creando una relación más directa y significativa con los creadores.

Conclusión

El blockchain está transformando la industria del entretenimiento al proporcionar soluciones innovadoras para la gestión de derechos de autor, la distribución de contenidos y la creación de nuevas formas de interacción y monetización. A pesar de los desafíos y limitaciones, el futuro del blockchain en esta industria es prometedor, con un potencial ilimitado para mejorar la transparencia, la eficiencia y la seguridad de los procesos.

En los próximos capítulos, continuaremos explorando más aplicaciones del blockchain y cómo esta tecnología está transformando diversas industrias. ¡Sigamos adelante para descubrir más sobre el apasionante mundo del blockchain!

CAPÍTULO 19:
BLOCKCHAIN EN
LA EDUCACIÓN

Introducción

El sector educativo enfrenta desafíos significativos relacionados con la gestión de registros académicos, la autenticidad de las credenciales y la accesibilidad a los recursos educativos. El blockchain ofrece soluciones innovadoras para estos problemas al proporcionar una plataforma segura y transparente para la gestión de datos educativos. En este capítulo, exploraremos cómo el blockchain está transformando la educación, sus aplicaciones prácticas y los desafíos que enfrenta.

Gestión de Registros Académicos

Uno de los mayores desafíos en la educación es la gestión segura y eficiente de los registros académicos. El blockchain puede proporcionar un sistema inmutable y accesible para almacenar y verificar estos registros.

1. **Transparencia y Seguridad**:
    - **Beneficios**: El blockchain proporciona un registro inmutable de los logros académicos, reduciendo el fraude y mejorando la confianza en las credenciales.
    - **Ejemplo**: MIT ha implementado una solución basada en blockchain para emitir diplomas digitales que los graduados pueden compartir y verificar fácilmente.

2. **Accesibilidad**:
    - **Beneficios**: Los estudiantes pueden acceder a sus registros académicos en cualquier momento y desde cualquier lugar, mejorando la movilidad y la flexibilidad.
    - **Ejemplo**: Learning Machine permite a las instituciones educativas emitir certificados académicos en blockchain, que los estudiantes pueden acceder y compartir digitalmente.

3. **Reducción de Costos Administrativos**:
    - **Beneficios**: La automatización de la verificación de credenciales puede reducir significativamente los costos y el tiempo asociados con la gestión de registros académicos.
    - **Ejemplo**: Sony Global Education utiliza blockchain para gestionar y verificar registros académicos, reduciendo costos administrativos y mejorando la eficiencia.

Autenticidad de las Credenciales

La autenticidad de las credenciales es crucial en la educación y el empleo. El blockchain puede asegurar que las credenciales académicas sean auténticas y verificables.

1. **Verificación de Credenciales**:

- **Beneficios**: El blockchain permite la verificación instantánea y segura de credenciales académicas, reduciendo el riesgo de fraude.
- **Ejemplo**: Blockcerts es una plataforma que permite a las instituciones emitir certificados académicos en blockchain, asegurando su autenticidad y facilitando la verificación.

2. **Reconocimiento Internacional**:

- **Beneficios**: Las credenciales basadas en blockchain pueden ser reconocidas y verificadas internacionalmente, mejorando la movilidad académica y profesional.
- **Ejemplo**: OpenCerts, una iniciativa del gobierno de Singapur, utiliza blockchain para emitir y verificar certificados educativos reconocidos internacionalmente.

3. **Automatización de Procesos de Admisión**:

- **Beneficios**: Los contratos inteligentes pueden automatizar el proceso de admisión, verificando automáticamente las credenciales de los solicitantes y reduciendo el tiempo de procesamiento.
- **Ejemplo**: Disciplina, una plataforma de blockchain para la educación, permite la verificación automática de credenciales académicas y la gestión de admisiones.

Accesibilidad a Recursos Educativos

El blockchain puede mejorar la accesibilidad a recursos educativos al proporcionar una plataforma descentralizada para compartir y monetizar contenidos educativos.

1. **Plataformas de Aprendizaje Descentralizadas**:
   - **Beneficios**: Las plataformas de aprendizaje basadas en blockchain permiten a los educadores compartir y monetizar contenidos educativos directamente con los estudiantes.
   - **Ejemplo**: ODEM es una plataforma educativa basada en blockchain que conecta a estudiantes y educadores, permitiendo la creación y distribución de cursos de manera descentralizada.

2. **Monetización de Contenidos Educativos**:
   - **Beneficios**: El blockchain permite a los creadores de contenido educativo recibir pagos directos y justos por sus materiales, eliminando intermediarios.
   - **Ejemplo**: BitDegree utiliza blockchain para ofrecer cursos en línea, permitiendo a los educadores monetizar sus contenidos directamente a través de criptomonedas.

3. **Acceso Global a la Educación**:
   - **Beneficios**: El blockchain puede facilitar el acceso a recursos educativos para estudiantes en regiones subdesarrolladas, proporcionando una plataforma segura y accesible.
   - **Ejemplo**: Blockchain Learning Group trabaja en proyectos educativos que utilizan blockchain para mejorar el acceso a la educación en comunidades desatendidas.

Beneficios del Blockchain en la Educación

La implementación del blockchain en la educación ofrece numerosos beneficios que pueden transformar el sector educativo:

1. **Transparencia y Visibilidad**: El blockchain proporciona una visibilidad completa de los registros académicos y las credenciales, mejorando la transparencia y permitiendo una auditoría fácil y precisa.
2. **Reducción del Fraude**: La inmutabilidad del blockchain asegura que los registros y las credenciales no puedan ser manipulados, reduciendo el riesgo de fraude.
3. **Eficiencia Operativa**: La automatización de procesos mediante contratos inteligentes reduce el papeleo y los errores manuales, mejorando la eficiencia operativa.
4. **Seguridad y Confiabilidad**: La seguridad criptográfica del blockchain protege los datos educativos contra accesos no autorizados y ciberataques.

Casos de Estudio

A continuación, se presentan algunos casos de estudio que ilustran cómo el blockchain está siendo utilizado en la educación:

1. **MIT y los Diplomas Digitales**:
   - **Problema**: La verificación de diplomas académicos puede ser lenta y propensa a fraudes.
   - **Solución**: MIT ha implementado una solución basada en blockchain para emitir diplomas digitales verificables.
   - **Resultados**: Mejora en la seguridad y la eficiencia de la verificación de diplomas, mayor confianza en las credenciales académicas.
2. **Sony Global Education y la Gestión de Registros Académicos**:
   - **Problema**: La gestión de registros académicos es costosa y lenta, con riesgos de errores y

fraudes.

- **Solución**: Sony Global Education utiliza blockchain para gestionar y verificar registros académicos.
- **Resultados**: Reducción de costos administrativos, mejora en la seguridad y la eficiencia de la gestión de registros.

3. **OpenCerts en Singapur**:
- **Problema**: La verificación de certificados educativos entre diferentes países puede ser complicada y propensa a fraudes.
- **Solución**: OpenCerts utiliza blockchain para emitir y verificar certificados educativos reconocidos internacionalmente.
- **Resultados**: Mejora en la movilidad académica y profesional, mayor confianza en las credenciales educativas.

Desafíos en la Implementación del Blockchain en la Educación

Aunque el blockchain ofrece numerosos beneficios, su implementación en la educación enfrenta varios desafíos:

1. **Escalabilidad**:
- **Desafío**: Manejar grandes volúmenes de datos y registros académicos puede ser difícil en una plataforma blockchain.
- **Soluciones**: Implementación de soluciones de escalabilidad como cadenas laterales (sidechains) y fragmentación (sharding).

2. **Interoperabilidad**:
- **Desafío**: La falta de interoperabilidad entre diferentes plataformas y sistemas puede limitar la adopción del blockchain.

- **Soluciones**: Desarrollo de estándares de interoperabilidad y colaboración entre diferentes proveedores de tecnología y plataformas educativas.

3. **Adopción y Resistencia al Cambio**:
   - **Desafío**: Las instituciones educativas pueden ser reacias a adoptar nuevas tecnologías debido a la falta de familiaridad y los costos iniciales.
   - **Soluciones**: Educación y capacitación sobre los beneficios del blockchain y el desarrollo de soluciones fáciles de usar y accesibles.

4. **Regulación y Cumplimiento**:
   - **Desafío**: Las regulaciones sobre la gestión de datos educativos varían entre jurisdicciones, lo que puede complicar la implementación del blockchain.
   - **Soluciones**: Colaboración con reguladores para desarrollar marcos legales claros y asegurar el cumplimiento de las normativas de privacidad y seguridad.

Futuro del Blockchain en la Educación

El futuro del blockchain en la educación es prometedor y está lleno de oportunidades para la innovación y la mejora de los procesos educativos. Algunas tendencias y desarrollos futuros incluyen:

1. **Mayor Adopción Institucional**: A medida que las instituciones educativas se familiaricen más con el blockchain, es probable que veamos una adopción más amplia en la gestión de registros académicos y la autenticidad de credenciales.

2. **Desarrollo de Plataformas de Aprendizaje Descentralizadas**: A medida que más educadores y estudiantes se familiaricen con el blockchain, veremos el desarrollo de más plataformas de aprendizaje descentralizadas.

3. **Innovaciones en la Gestión de Credenciales**: Las soluciones basadas en blockchain para la gestión de credenciales seguirán evolucionando, mejorando la transparencia y la eficiencia en la educación.

4. **Nuevas Formas de Acceso a la Educación**: El blockchain tiene el potencial de democratizar el acceso a los recursos educativos, promoviendo una mayor inclusión y equidad en la educación.

Conclusión

El blockchain está transformando la educación al proporcionar soluciones innovadoras para la gestión de registros académicos, la autenticidad de las credenciales y la accesibilidad a los recursos educativos. A pesar de los desafíos y limitaciones, el futuro del blockchain en esta industria es prometedor, con un potencial ilimitado para mejorar la transparencia, la eficiencia y la seguridad de los procesos educativos.

En los próximos capítulos, continuaremos explorando más aplicaciones del blockchain y cómo esta tecnología está transformando diversas industrias. ¡Sigamos adelante para descubrir más sobre el apasionante mundo del blockchain!

CAPÍTULO 20: BLOCKCHAIN Y LA TRANSFORMACIÓN DEL COMERCIO MINORISTA

Introducción

E l comercio minorista es una industria dinámica que se enfrenta a constantes desafíos relacionados con la gestión de la cadena de suministro, la transparencia, la seguridad de los pagos y la experiencia del cliente. El blockchain ofrece soluciones innovadoras que pueden transformar el comercio minorista al mejorar la eficiencia, la seguridad y la transparencia. En este capítulo, exploraremos cómo el blockchain está revolucionando el comercio minorista, sus aplicaciones prácticas y los desafíos que enfrenta.

Gestión de la Cadena de Suministro

La gestión eficiente de la cadena de suministro es crucial para

JOSÉ MANUELSOLANO MARTÍNEZ

el éxito del comercio minorista. El blockchain puede mejorar la transparencia y la trazabilidad en la cadena de suministro, asegurando la autenticidad y la calidad de los productos.

1. **Trazabilidad de Productos**:
   - **Beneficios**: El blockchain permite rastrear el origen y el recorrido de los productos a lo largo de la cadena de suministro, asegurando la autenticidad y reduciendo el riesgo de falsificación.
   - **Ejemplo**: Walmart utiliza IBM Food Trust, una plataforma blockchain, para rastrear productos alimenticios desde la granja hasta la tienda, mejorando la seguridad alimentaria.

2. **Gestión de Inventarios**:
   - **Beneficios**: La automatización de la gestión de inventarios mediante contratos inteligentes puede reducir los errores y mejorar la eficiencia operativa.
   - **Ejemplo**: VeChain utiliza blockchain para gestionar y rastrear inventarios en tiempo real, optimizando la cadena de suministro y reduciendo costos.

3. **Transparencia y Verificación**:
   - **Beneficios**: El blockchain proporciona un registro inmutable de todas las transacciones y movimientos en la cadena de suministro, mejorando la transparencia y facilitando la auditoría.
   - **Ejemplo**: Provenance utiliza blockchain para verificar y documentar cada paso en la cadena de suministro de productos de consumo, asegurando la autenticidad y la calidad.

Seguridad de los Pagos

La seguridad de los pagos es una preocupación constante en el comercio minorista. El blockchain puede mejorar la seguridad y la eficiencia de las transacciones, reduciendo el fraude y las tarifas de procesamiento.

1. **Pagos Seguros y Rápidos**:
   - **Beneficios**: El blockchain permite realizar pagos seguros y rápidos sin necesidad de intermediarios, reduciendo las tarifas y el tiempo de procesamiento.
   - **Ejemplo**: BitPay es una plataforma que permite a los comerciantes aceptar pagos en criptomonedas como Bitcoin y Ethereum, mejorando la seguridad y reduciendo costos.

2. **Protección contra el Fraude**:
   - **Beneficios**: La inmutabilidad del blockchain asegura que las transacciones no puedan ser alteradas, reduciendo el riesgo de fraude.
   - **Ejemplo**: UTRUST utiliza blockchain para proteger a los compradores y vendedores contra el fraude en el comercio electrónico.

3. **Monedas Digitales y Criptomonedas**:
   - **Beneficios**: Las criptomonedas y las monedas digitales ofrecen una alternativa segura y eficiente a los métodos de pago tradicionales.
   - **Ejemplo**: Shopify permite a los comerciantes aceptar pagos en criptomonedas a través de integraciones con plataformas como Coinbase Commerce.

Experiencia del Cliente

El blockchain puede mejorar la experiencia del cliente al proporcionar transparencia, personalización y nuevas formas de interacción y recompensas.

1. **Programas de Fidelización**:
   - **Beneficios**: Los programas de fidelización basados en blockchain permiten a los minoristas emitir y gestionar puntos de recompensa de manera segura y transparente.
   - **Ejemplo**: Loyyal utiliza blockchain para crear programas de fidelización interoperables que permiten a los clientes acumular y canjear puntos en múltiples tiendas y plataformas.

2. **Transparencia en la Cadena de Suministro**:
   - **Beneficios**: La transparencia proporcionada por el blockchain permite a los consumidores conocer el origen y la calidad de los productos que compran.
   - **Ejemplo**: Nestlé utiliza IBM Food Trust para proporcionar a los consumidores información detallada sobre el origen de sus productos alimenticios, mejorando la confianza del cliente.

3. **Recompensas y Tokens**:
   - **Beneficios**: El blockchain permite a los minoristas crear tokens y recompensas personalizados que pueden ser utilizados por los clientes para compras y descuentos.
   - **Ejemplo**: StormX permite a los usuarios ganar criptomonedas al realizar compras en línea en tiendas asociadas, mejorando la lealtad del cliente.

Beneficios del Blockchain en el Comercio Minorista

La implementación del blockchain en el comercio minorista ofrece numerosos beneficios que pueden transformar la industria:

1. **Transparencia y Visibilidad**: El blockchain proporciona una visibilidad completa de todas las transacciones y movimientos de productos, mejorando la transparencia y permitiendo una auditoría fácil y precisa.
2. **Reducción del Fraude y la Falsificación**: La inmutabilidad del blockchain asegura que los registros no puedan ser manipulados, reduciendo el riesgo de fraude y falsificación.
3. **Eficiencia Operativa**: La automatización de procesos mediante contratos inteligentes reduce el papeleo y los errores manuales, mejorando la eficiencia operativa.
4. **Seguridad y Confiabilidad**: La seguridad criptográfica del blockchain protege los datos contra accesos no autorizados y ciberataques.

Casos de Estudio

A continuación, se presentan algunos casos de estudio que ilustran cómo el blockchain está siendo utilizado en el comercio minorista:

1. **Walmart y la Seguridad Alimentaria**:
   - **Problema**: Walmart necesitaba mejorar la trazabilidad y la seguridad de los productos alimenticios en su cadena de suministro.
   - **Solución**: Implementaron IBM Food Trust para rastrear productos alimenticios desde la granja hasta la tienda utilizando blockchain.
   - **Resultados**: Mejora significativa en la seguridad alimentaria y la capacidad de respuesta ante problemas de contaminación.
2. **Carrefour y la Trazabilidad de Productos**:
   - **Problema**: Carrefour necesitaba asegurar la autenticidad y la calidad de sus productos alimenticios.

- **Solución**: Utilizaron blockchain para rastrear y verificar la cadena de suministro de productos alimenticios.
- **Resultados**: Mejora en la confianza del consumidor y la transparencia en la cadena de suministro.

3. **Nike y la Personalización de Productos**:
- **Problema**: Nike buscaba mejorar la personalización y la autenticidad de sus productos.
- **Solución**: Implementaron una solución basada en blockchain para rastrear y verificar la autenticidad de productos personalizados.
- **Resultados**: Mejora en la lealtad del cliente y reducción de la falsificación de productos.

Desafíos en la Implementación del Blockchain en el Comercio Minorista

Aunque el blockchain ofrece numerosos beneficios, su implementación en el comercio minorista enfrenta varios desafíos:

1. **Escalabilidad**:
- **Desafío**: Manejar grandes volúmenes de transacciones y datos puede ser difícil en una plataforma blockchain.
- **Soluciones**: Implementación de soluciones de escalabilidad como cadenas laterales (sidechains) y fragmentación (sharding).

2. **Interoperabilidad**:
- **Desafío**: La falta de interoperabilidad entre diferentes plataformas y sistemas puede limitar la adopción del blockchain.

- **Soluciones**: Desarrollo de estándares de interoperabilidad y colaboración entre diferentes proveedores de tecnología y plataformas de comercio.

3. **Adopción y Resistencia al Cambio**:
   - **Desafío**: Los minoristas pueden ser reacios a adoptar nuevas tecnologías debido a la falta de familiaridad y los costos iniciales.
   - **Soluciones**: Educación y capacitación sobre los beneficios del blockchain y el desarrollo de soluciones fáciles de usar y accesibles.

4. **Regulación y Cumplimiento**:
   - **Desafío**: Las regulaciones sobre el uso del blockchain y la gestión de datos varían entre jurisdicciones.
   - **Soluciones**: Colaboración con reguladores para desarrollar marcos legales claros y asegurar el cumplimiento de las normativas de privacidad y seguridad.

Futuro del Blockchain en el Comercio Minorista

El futuro del blockchain en el comercio minorista es prometedor y está lleno de oportunidades para la innovación y la mejora de los procesos. Algunas tendencias y desarrollos futuros incluyen:

1. **Mayor Adopción de Criptomonedas**: A medida que las criptomonedas se vuelvan más aceptadas, es probable que veamos una mayor adopción de pagos en criptomonedas en el comercio minorista.

2. **Desarrollo de Plataformas de Comercio Descentralizadas**: A medida que más minoristas y consumidores se familiaricen con el blockchain, veremos el desarrollo de más plataformas de comercio

descentralizadas.

3. **Innovaciones en la Gestión de la Cadena de Suministro**: Las soluciones basadas en blockchain para la gestión de la cadena de suministro seguirán evolucionando, mejorando la transparencia y la eficiencia en el comercio minorista.

4. **Nuevas Formas de Interacción con el Cliente**: El blockchain permitirá nuevas formas de interacción y recompensas personalizadas para los clientes, mejorando la lealtad y la satisfacción del cliente.

Conclusión

El blockchain está transformando el comercio minorista al proporcionar soluciones innovadoras para la gestión de la cadena de suministro, la seguridad de los pagos y la experiencia del cliente. A pesar de los desafíos y limitaciones, el futuro del blockchain en esta industria es prometedor, con un potencial ilimitado para mejorar la transparencia, la eficiencia y la seguridad de los procesos minoristas.

En los próximos capítulos, continuaremos explorando más aplicaciones del blockchain y cómo esta tecnología está transformando diversas industrias. ¡Sigamos adelante para descubrir más sobre el apasionante mundo del blockchain!

CAPÍTULO 21: BLOCKCHAIN EN LA INDUSTRIA INMOBILIARIA

Introducción

La industria inmobiliaria enfrenta desafíos significativos relacionados con la transparencia, la eficiencia de las transacciones, la gestión de registros y la seguridad. El blockchain ofrece soluciones innovadoras que pueden transformar el sector inmobiliario al proporcionar una plataforma segura, transparente y eficiente para las transacciones y la gestión de propiedades. En este capítulo, exploraremos cómo el blockchain está revolucionando la industria inmobiliaria, sus aplicaciones prácticas y los desafíos que enfrenta.

Gestión de Registros de Propiedad

La gestión de registros de propiedad es un área

crítica en la industria inmobiliaria que puede beneficiarse significativamente del blockchain al proporcionar un sistema inmutable y transparente para el almacenamiento y la verificación de registros.

1. **Transparencia y Seguridad**:
   - **Beneficios**: El blockchain proporciona un registro inmutable de la propiedad de bienes raíces, reduciendo el fraude y mejorando la confianza en el sistema.
   - **Ejemplo**: En Suecia, la Agencia de Registro de la Propiedad ha estado probando el uso del blockchain para registrar transacciones de propiedades, mejorando la transparencia y la seguridad.

2. **Reducción del Fraude**:
   - **Beneficios**: La inmutabilidad del blockchain asegura que los registros de propiedad no puedan ser alterados, reduciendo el riesgo de fraudes y disputas legales.
   - **Ejemplo**: En Georgia, el gobierno ha implementado un sistema de registro de tierras basado en blockchain para combatir el fraude y mejorar la seguridad de los registros de propiedad.

3. **Eficiencia Administrativa**:
   - **Beneficios**: La automatización de la gestión de registros mediante contratos inteligentes puede reducir el papeleo y los tiempos de procesamiento, mejorando la eficiencia administrativa.
   - **Ejemplo**: En India, algunos estados están explorando el uso del blockchain para digitalizar y automatizar los registros de tierras, mejorando la eficiencia y reduciendo la corrupción.

Transacciones Inmobiliarias

El proceso de compra y venta de propiedades puede ser complejo y lento. El blockchain puede simplificar y agilizar este proceso al proporcionar una plataforma segura y eficiente para las transacciones inmobiliarias.

1. **Transacciones Seguras y Eficientes**:
   - **Beneficios**: El blockchain permite realizar transacciones de bienes raíces de manera segura y eficiente, reduciendo el tiempo y los costos asociados.
   - **Ejemplo**: Propy es una plataforma basada en blockchain que facilita la compra y venta de propiedades, permitiendo transacciones internacionales de manera segura y eficiente.

2. **Automatización de Contratos**:
   - **Beneficios**: Los contratos inteligentes pueden automatizar el proceso de compra y venta de propiedades, asegurando que las condiciones del contrato se cumplan de manera automática.
   - **Ejemplo**: RealBlocks utiliza contratos inteligentes para automatizar la compra, venta y administración de propiedades inmobiliarias, mejorando la eficiencia y reduciendo costos.

3. **Transparencia en las Transacciones**:
   - **Beneficios**: El blockchain proporciona un registro transparente de todas las transacciones inmobiliarias, facilitando la auditoría y reduciendo el riesgo de fraude.
   - **Ejemplo**: Ubitquity utiliza blockchain para proporcionar un registro transparente y verificable de transacciones de bienes raíces,

mejorando la confianza en el sistema.

Tokenización de Activos Inmobiliarios

La tokenización de activos inmobiliarios es una innovación que permite fraccionar la propiedad de bienes raíces en tokens digitales, facilitando la inversión y la liquidez.

1. **Accesibilidad a la Inversión**:
   - **Beneficios**: La tokenización permite a los inversores comprar fracciones de propiedades inmobiliarias, facilitando el acceso a la inversión en bienes raíces.
   - **Ejemplo**: RealT utiliza blockchain para tokenizar propiedades inmobiliarias, permitiendo a los inversores comprar y vender fracciones de propiedades de manera segura y eficiente.

2. **Liquidez de Activos Inmobiliarios**:
   - **Beneficios**: La tokenización mejora la liquidez de los activos inmobiliarios, permitiendo a los propietarios vender fracciones de sus propiedades y obtener liquidez sin necesidad de vender toda la propiedad.
   - **Ejemplo**: Harbor utiliza blockchain para tokenizar activos inmobiliarios y facilitar la compraventa de tokens en mercados secundarios, mejorando la liquidez de los activos.

3. **Transparencia y Verificación**:
   - **Beneficios**: El blockchain proporciona un registro transparente y verificable de la propiedad de los tokens, asegurando la autenticidad y reduciendo el riesgo de fraude.

- **Ejemplo**: Meridio utiliza blockchain para tokenizar propiedades inmobiliarias y proporcionar un registro transparente de la propiedad de los tokens, mejorando la confianza de los inversores.

Beneficios del Blockchain en la Industria Inmobiliaria

La implementación del blockchain en la industria inmobiliaria ofrece numerosos beneficios que pueden transformar el sector:

1. **Transparencia y Visibilidad**: El blockchain proporciona una visibilidad completa de todas las transacciones y registros de propiedades, mejorando la transparencia y permitiendo una auditoría fácil y precisa.
2. **Reducción del Fraude y la Corrupción**: La inmutabilidad del blockchain asegura que los registros no puedan ser manipulados, reduciendo el riesgo de fraude y corrupción.
3. **Eficiencia Operativa**: La automatización de procesos mediante contratos inteligentes reduce el papeleo y los errores manuales, mejorando la eficiencia operativa.
4. **Seguridad y Confiabilidad**: La seguridad criptográfica del blockchain protege los datos contra accesos no autorizados y ciberataques.

Casos de Estudio

A continuación, se presentan algunos casos de estudio que ilustran cómo el blockchain está siendo utilizado en la industria inmobiliaria:

1. **Suecia y el Registro de Propiedades**:
   - **Problema**: La necesidad de mejorar la

transparencia y la seguridad en las transacciones de propiedades.

- **Solución**: La Agencia de Registro de la Propiedad de Suecia ha estado probando el uso del blockchain para registrar transacciones de propiedades.
- **Resultados**: Mejora significativa en la transparencia y la seguridad de las transacciones de propiedades.

2. **Propy y las Transacciones Internacionales**:
- **Problema**: Las transacciones inmobiliarias internacionales pueden ser complejas y lentas.
- **Solución**: Propy utiliza blockchain para facilitar la compra y venta de propiedades internacionales, permitiendo transacciones seguras y eficientes.
- **Resultados**: Reducción del tiempo y los costos asociados con las transacciones inmobiliarias internacionales.

3. **RealT y la Tokenización de Propiedades**:
- **Problema**: La falta de accesibilidad y liquidez en la inversión inmobiliaria.
- **Solución**: RealT utiliza blockchain para tokenizar propiedades inmobiliarias, permitiendo a los inversores comprar y vender fracciones de propiedades.
- **Resultados**: Mayor accesibilidad y liquidez en la inversión inmobiliaria.

Desafíos en la Implementación del Blockchain en la Industria Inmobiliaria

Aunque el blockchain ofrece numerosos beneficios, su

implementación en la industria inmobiliaria enfrenta varios desafíos:

1. **Escalabilidad:**
   - **Desafío:** Manejar grandes volúmenes de datos y transacciones de propiedades puede ser difícil en una plataforma blockchain.
   - **Soluciones:** Implementación de soluciones de escalabilidad como cadenas laterales (sidechains) y fragmentación (sharding).

2. **Interoperabilidad:**
   - **Desafío:** La falta de interoperabilidad entre diferentes plataformas y sistemas puede limitar la adopción del blockchain.
   - **Soluciones:** Desarrollo de estándares de interoperabilidad y colaboración entre diferentes proveedores de tecnología y plataformas inmobiliarias.

3. **Adopción y Resistencia al Cambio:**
   - **Desafío:** Las empresas inmobiliarias y los reguladores pueden ser reacios a adoptar nuevas tecnologías debido a la falta de familiaridad y los costos iniciales.
   - **Soluciones:** Educación y capacitación sobre los beneficios del blockchain y el desarrollo de soluciones fáciles de usar y accesibles.

4. **Regulación y Cumplimiento:**
   - **Desafío:** Las regulaciones sobre el uso del blockchain y la gestión de registros de propiedad varían entre jurisdicciones.
   - **Soluciones:** Colaboración con reguladores para desarrollar marcos legales claros y asegurar el cumplimiento de las normativas de privacidad y seguridad.

Futuro del Blockchain en la Industria Inmobiliaria

El futuro del blockchain en la industria inmobiliaria es prometedor y está lleno de oportunidades para la innovación y la mejora de los procesos. Algunas tendencias y desarrollos futuros incluyen:

1. **Mayor Adopción Institucional**: A medida que las empresas inmobiliarias y los reguladores se familiaricen más con el blockchain, es probable que veamos una adopción más amplia en la gestión de registros de propiedad y las transacciones inmobiliarias.

2. **Desarrollo de Plataformas de Tokenización**: A medida que más inversores y propietarios se familiaricen con el blockchain, veremos el desarrollo de más plataformas de tokenización de propiedades.

3. **Innovaciones en la Gestión de Registros**: Las soluciones basadas en blockchain para la gestión de registros seguirán evolucionando, mejorando la transparencia y la eficiencia en la industria inmobiliaria.

4. **Nuevas Formas de Inversión Inmobiliaria**: El blockchain permitirá nuevas formas de inversión y participación en el mercado inmobiliario, promoviendo una mayor inclusión y equidad.

Conclusión

El blockchain está transformando la industria inmobiliaria al proporcionar soluciones innovadoras para la gestión de registros de propiedad, las transacciones inmobiliarias y la tokenización de activos. A pesar de los desafíos y limitaciones, el futuro del blockchain en esta industria es prometedor, con un potencial ilimitado para mejorar la transparencia, la eficiencia y la seguridad de los procesos inmobiliarios.

En los próximos capítulos, continuaremos explorando más aplicaciones del blockchain y cómo esta tecnología está transformando diversas industrias. ¡Sigamos adelante para descubrir más sobre el apasionante mundo del blockchain!

CAPÍTULO 22:
EL FUTURO DEL
BLOCKCHAIN

Introducción

A lo largo de este libro, hemos explorado cómo el blockchain está transformando diversas industrias, desde las finanzas y la salud hasta la educación y el entretenimiento. Ahora, en este último capítulo, analizaremos las tendencias emergentes, los desafíos futuros y las posibles evoluciones de la tecnología blockchain. Este capítulo ofrecerá una visión holística del futuro del blockchain, incluyendo su potencial para seguir revolucionando industrias y creando nuevas oportunidades.

Tendencias Emergentes

El blockchain sigue evolucionando rápidamente, con nuevas tendencias y desarrollos que prometen ampliar aún más su impacto. A continuación, se presentan algunas de las tendencias emergentes más importantes:

1. **Interoperabilidad de Blockchain:**
   - **Descripción**: La capacidad de diferentes blockchains para comunicarse y operar juntas es crucial para el crecimiento y la adopción generalizada de la tecnología.
   - **Ejemplo**: Polkadot y Cosmos están desarrollando soluciones para mejorar la interoperabilidad entre diferentes blockchains, permitiendo la transferencia de datos y activos de manera más fluida.

2. **Mejoras en la Escalabilidad:**
   - **Descripción**: La escalabilidad sigue siendo uno de los mayores desafíos del blockchain. Las soluciones como las cadenas laterales (sidechains), la fragmentación (sharding) y las capas secundarias (Layer 2) están en desarrollo para abordar este problema.
   - **Ejemplo**: Ethereum 2.0 está implementando la fragmentación para mejorar su capacidad de procesamiento de transacciones, haciéndolo más eficiente y escalable.

3. **Adopción de Finanzas Descentralizadas (DeFi):**
   - **Descripción**: Las finanzas descentralizadas continúan ganando tracción, ofreciendo servicios financieros sin intermediarios tradicionales.
   - **Ejemplo**: Protocolos como Uniswap, Compound y Aave están liderando el camino en DeFi, permitiendo a los usuarios prestar, pedir prestado y comerciar activos directamente entre pares.

4. **Tokenización de Activos:**
   - **Descripción**: La tokenización de activos físicos y digitales está creando nuevas oportunidades para la inversión y la propiedad fraccionada.

- **Ejemplo**: Empresas como RealT y Securitize están tokenizando propiedades inmobiliarias y otros activos, facilitando la inversión y el comercio de fracciones de estos activos.

5. **NFTs y Propiedad Digital**:
  - **Descripción**: Los tokens no fungibles (NFTs) han abierto un nuevo mundo de posibilidades para la propiedad y el comercio de activos digitales únicos.
  - **Ejemplo**: Plataformas como OpenSea y Rarible permiten a los artistas y creadores vender sus obras digitales como NFTs, proporcionando nuevas vías de ingresos y reconocimiento.

Desafíos Futuros

Aunque el blockchain tiene un potencial inmenso, enfrenta varios desafíos que deben ser abordados para su adopción y evolución continuas:

1. **Regulación y Cumplimiento**:
  - **Descripción**: Las regulaciones sobre el uso de blockchain y criptomonedas varían ampliamente entre jurisdicciones, creando incertidumbre y barreras para la adopción.
  - **Soluciones**: La colaboración con reguladores y la creación de marcos legales claros son cruciales para asegurar el cumplimiento y fomentar la innovación.

2. **Seguridad y Privacidad**:
  - **Descripción**: A pesar de la seguridad inherente del blockchain, todavía existen riesgos de seguridad y preocupaciones sobre la privacidad de los datos.

- **Soluciones**: El desarrollo de mejores prácticas de seguridad, auditorías regulares y tecnologías de mejora de la privacidad como las pruebas de conocimiento cero (ZKP) son esenciales.

3. **Adopción Generalizada**:
  - **Descripción**: La adopción generalizada del blockchain requiere una infraestructura robusta, educación y un cambio cultural en la forma en que las personas y las empresas manejan los datos y las transacciones.
  - **Soluciones**: La educación y la capacitación, junto con la simplificación de la tecnología para los usuarios finales, son cruciales para impulsar la adopción masiva.

4. **Escalabilidad y Eficiencia**:
  - **Descripción**: La capacidad de las plataformas blockchain para manejar grandes volúmenes de transacciones de manera eficiente sigue siendo un desafío.
  - **Soluciones**: La implementación de soluciones de escalabilidad, como las mencionadas anteriormente, es vital para mejorar la capacidad de procesamiento y reducir los costos.

Innovaciones y Oportunidades Futuras

El futuro del blockchain está lleno de oportunidades para la innovación y el desarrollo de nuevas aplicaciones que pueden transformar diversas industrias:

1. **Internet de las Cosas (IoT)**:
  - **Descripción**: La integración de blockchain

con IoT puede mejorar la seguridad, la transparencia y la eficiencia en la gestión de dispositivos conectados.

- **Ejemplo**: IOTA y VeChain están explorando cómo blockchain puede mejorar la trazabilidad y la autenticidad en las cadenas de suministro de IoT.

2. Gobernanza Descentralizada:

- **Descripción**: La gobernanza descentralizada permite la toma de decisiones colectiva y transparente en plataformas y organizaciones basadas en blockchain.
- **Ejemplo**: DAOs (Organizaciones Autónomas Descentralizadas) como MakerDAO permiten a los usuarios participar en la toma de decisiones y la gobernanza de manera democrática.

3. Identidad Digital y Auto-Soberana:

- **Descripción**: Las identidades digitales auto-soberanas permiten a los individuos controlar y gestionar sus propios datos de identidad de manera segura y privada.
- **Ejemplo**: Proyectos como Sovrin y uPort están desarrollando soluciones de identidad digital basadas en blockchain que empoderan a los usuarios y mejoran la privacidad.

4. Energía y Sostenibilidad:

- **Descripción**: El blockchain puede facilitar la gestión eficiente de la energía y la promoción de prácticas sostenibles, incluyendo la trazabilidad de energías renovables y la gestión de emisiones de carbono.
- **Ejemplo**: Energy Web Foundation y Power Ledger están utilizando blockchain para mejorar la eficiencia energética y promover la

sostenibilidad.

5. **Transformación Digital en Gobiernos**:
   - **Descripción**: Los gobiernos están explorando cómo el blockchain puede mejorar la transparencia, la eficiencia y la seguridad en la administración pública.
   - **Ejemplo**: Estonia ha implementado soluciones de blockchain para la gestión de registros de salud, votación electrónica y otros servicios públicos, mejorando la confianza y la eficiencia.

Conclusión

El blockchain ha demostrado ser una tecnología revolucionaria con el potencial de transformar una amplia gama de industrias. A medida que continuamos explorando sus aplicaciones y superando sus desafíos, es probable que veamos un impacto aún mayor en la forma en que interactuamos, hacemos negocios y gestionamos nuestros datos. El futuro del blockchain es brillante, y las oportunidades para la innovación y el progreso son ilimitadas.

En este libro, hemos examinado las numerosas formas en que el blockchain está cambiando el mundo. Desde la gestión de la cadena de suministro hasta la tokenización de activos, cada capítulo ha destacado cómo esta tecnología está resolviendo problemas reales y abriendo nuevas posibilidades. Al mirar hacia el futuro, es esencial continuar investigando, innovando y colaborando para aprovechar al máximo el potencial del blockchain.

CIERRE...

Resumen del Libro

A lo largo de este libro, hemos explorado las diversas formas en que la tecnología blockchain está revolucionando múltiples industrias. Desde las finanzas y la salud hasta la educación y el entretenimiento, el blockchain ha demostrado ser una herramienta poderosa para mejorar la transparencia, la seguridad y la eficiencia. Hemos cubierto los siguientes temas clave:

1. **Blockchain en las Finanzas**: Cómo las criptomonedas, los contratos inteligentes y las plataformas DeFi están redefiniendo el sector financiero.
2. **Blockchain en la Salud**: La gestión de registros médicos, la trazabilidad de medicamentos y la mejora de la privacidad de los pacientes.
3. **Blockchain en la Cadena de Suministro**: La trazabilidad de productos, la gestión de inventarios y la reducción del fraude.
4. **Blockchain en el Comercio y el Mercado**: Pagos digitales, protección contra el fraude y la tokenización de activos.
5. **Blockchain en la Energía y el Medio Ambiente**: Gestión de recursos energéticos, promoción de energías renovables y reducción del impacto ambiental.
6. **Blockchain en la Identidad Digital**: Identidades auto-soberanas, autenticación descentralizada y verificación

de identidad.

7. **Blockchain en el Sector Público y el Gobierno**: Registro de tierras, votación electrónica y transparencia administrativa.

8. **Blockchain en la Industria del Entretenimiento**: Gestión de derechos de autor, distribución de contenidos y economía de juegos basados en blockchain.

9. **Blockchain en la Educación**: Gestión de registros académicos, autenticidad de las credenciales y accesibilidad a recursos educativos.

10. **Blockchain en el Comercio Minorista**: Gestión de la cadena de suministro, seguridad de los pagos y mejora de la experiencia del cliente.

11. **Blockchain en la Industria Inmobiliaria**: Gestión de registros de propiedad, transacciones inmobiliarias y tokenización de activos.

12. **Futuro del Blockchain**: Tendencias emergentes, desafíos futuros e innovaciones potenciales.

Reflexiones Finales

El blockchain ha recorrido un largo camino desde sus inicios con Bitcoin, evolucionando hacia una tecnología multifacética con aplicaciones en casi todos los sectores de la economía. Su capacidad para proporcionar transparencia, seguridad y eficiencia lo convierte en una herramienta invaluable para resolver problemas complejos y mejorar procesos existentes.

Sin embargo, como con cualquier tecnología emergente, el blockchain enfrenta desafíos significativos. La escalabilidad, la interoperabilidad, la regulación y la seguridad son áreas que requieren atención continua y desarrollo. A medida que superamos estos desafíos, es probable que veamos una adopción aún más amplia y profunda de esta tecnología transformadora.

El futuro del blockchain es prometedor. Con el apoyo de la comunidad global, la innovación continua y la colaboración entre sectores, el blockchain tiene el potencial de crear un mundo más transparente, eficiente y equitativo. Este libro ha ofrecido una visión integral de cómo el blockchain está cambiando el panorama global y las infinitas posibilidades que aún están por descubrir.

Lecturas Recomendadas

Para aquellos interesados en profundizar en el mundo del blockchain, aquí hay algunas lecturas recomendadas que proporcionan una comprensión más profunda y detallada de esta tecnología y sus aplicaciones:

1. **"Blockchain Revolution" por Don Tapscott y Alex Tapscott**: Un libro fundamental que explora cómo el blockchain está cambiando los negocios, la economía y la sociedad.
2. **"Mastering Bitcoin" por Andreas M. Antonopoulos**: Una guía técnica sobre Bitcoin y cómo funciona el blockchain detrás de esta criptomoneda.
3. **"The Truth Machine" por Michael J. Casey y Paul Vigna**: Un análisis del impacto potencial del blockchain en diversas industrias.
4. **"Blockchain Basics: A Non-Technical Introduction in 25 Steps" por Daniel Drescher**: Una introducción accesible a los conceptos básicos del blockchain.
5. **"Ethereum: Blockchains, Digital Assets, Smart Contracts, Decentralized Autonomous Organizations" por Henning Diedrich**: Un libro detallado sobre Ethereum y sus aplicaciones.

www.ingramcontent.com/pod-product-compliance
Lightning Source LLC
LaVergne TN
LVHW051235050326
832903LV00028B/2408